「寅さん」と、旅と俳句と山頭火

弥次喜多へんろ道中記

井澤勇治

芙蓉書房出版

柴又駅前の「寅さん」と「さくら」の像に四国遍路出発の挨拶を

〈お遍路さんいつまでもお元気で〉 子ども会の手書きプラカードに励まされて歩く
（吉野川の中州「善入寺島」）【阿波】

12番札所「焼山寺」からは険しい山道の〈へんろ道〉【阿波】

左右内の一本杉と木漏れ陽を浴びた大師像【阿波】

雄大な太平洋で思いきり深呼吸【土佐】

白いマーガレットと鯉の
ぼりが疲れを癒やしてく
れる　【土佐】

五月なのにあまり
の暑さに菅笠をか
ぶる　【土佐】

緑に包まれた三十五
番札所「清瀧寺」
【土佐】

遍路道のお地蔵さんに手を合わせ40番札所「観自在寺」に向かう【伊予】

56番札所「泰山寺」の日の出【伊予】

足かけ5年、いよいよ結願　88番札所「大窪寺」【讃岐】

まえがき

王朝の昔から近世に至るまで、渾身の「辞世の一句」というものは興味深い。《つひに行く道とはかねて聞きしかど昨日今日とは思はざりしを》（在原業平）と戸惑い、《今まては人のことだと思ふたに俺が死ぬとはこいつぁたまらん》（太田南畝）そぅ慌てつつ、《この世をばどりゃおいとまに線香の煙とともに灰左様なら》（十返舎一九）と洒落のめす。

しかし、現実はそう甘くはないようである。書店を巡れば各コーナーに「老い」や「死」という文字が溢れ返っている。今や「老い」を受け入れ、理想的な最期を迎えるためには本を読んで勉強しなければならないらしく、生半可な気持ちではおちおち死んでもいられない。

昨今、「老衰」という文字を見かけることはきわめて稀である。必ず何がしかの病名がつけられ、薬漬け、管《くだ》グルグル巻きにされてなかなか彼方《あちら》に行かせてもらえない。有名人の葬儀では、必ず参列者がカメラに向かって「未だに信じられません」と涙を流す。昔なら「大往生」と言われるような年齢に達しているのにもかかわらず、である。生者が勝者、死者が敗者というこ ともないのだから、「ご苦労様でした。ありがとう！」と声をかけてあげたいような気がする。生きとし生けるもの、すべてが逝く道だから。

残念ながら、ドラマチックな最期などというものはあまり期待出来そうもない。恐らく、気がつかないうちにある日突然か、病院のベッドの上で意識朦朧《もうろう》、夢うつつの中で逝くのだろう。痛み止めの処置以外余計な延命措置は施さず、「お疲れさまでした！」と平穏に送ってもらえれば、こんなにありがたいことはない。

ミャンマーに「バイラブ」という〝死の国の神様〟がいる。人々はその神様に決して〝長寿〟を祈るのではなく、「たとえ何歳まででであろうが、不慮の死ではなく、持って生まれた〝寿命〟を全うさせてください」と祈るそうだ。これはよくわかる。

冒頭からどうも手前勝手なことを書き連ねたが、「じゃあ、お前は死が怖くないのか」と問われれば、経験のないことゆえ甚だ自信がない。それでも、江戸時代以来の「葬式仏教」に馴染めず、若き日に北鎌倉の円覚寺に通った〝ナンチャッテ座禅〟も長続きせず、「現世の煩悩の海に溺れるもこれまた修行」と嘯《うそぶ》く凡夫は、せめて、「生者は死者の為に煩わさるべからず」（梅原龍三郎）をモットーに、「葬式無用戒名不要」（白洲次郎）ぐらいは実践したいと思っている。

そんな罰当たりな私でも、登る朝陽を見れば自然に手を合わせたくなるし、聳える山々やそよぐ風、足元の草花には八百万《やおよろず》の神々を感じる。老若男女が神社で手を合わせるのも祀られているナニガシではなく、その向こうにいる八百万の神々なのだろう。そういう意味では、私たち日本人の「宗教観」は、北方に住むイヌイットやサーメ、アメリカ先住民などとも相通ずるところがあるような気がする。もしかしたら、今の日本人にも「縄文の遺伝子」が色濃く受け継がれているのではないかと考えると、何やら楽しい。

そして、そんな私が何の違和感もなくスッと受け入れられた言葉がある。

〈生まれ生まれ生まれ生まれて生の始めに暗く　死に死に死に死んで死の終わりに冥し〉

（空海『秘蔵宝論』）

難しいことはよくわからないが、

「そうそう、何やらそういうことナンだよね」としっくりきた。

〈「死」は「生」の先に暗く横たわっているのではなく、「生」と一本の道で繋がったその先の「ふる里」〉なのだと勝手に解釈した。

それからは、「空海」に関する本を片っ端から読み漁った。唐に渡り、バラモン教やキリスト教（景教）にも触れ、真言密教を日本に伝えて理論構築した大天才であり、歴史上ひときわ高く聳え立つ巨人であることは理解出来たのだが、結果として私が強く魅かれたのは、そこではなかった。

青年時代の、波に打たれ、崖をよじ登り、岩山や岩窟で端座し続けたその姿である。室戸岬の「御厨人窟《みくろど》」で想像を絶する難行苦行を重ねていたある日、突然、轟音とともに明けの明星が口の中に飛び込んで来たという。まるで超新星が爆発したかのようなその光景は、小惑星「りゅうぐう」からの遥かな長旅を終えた「はやぶさ2」から切り離されたカプセルが、一筋の輝く光線となって地球に戻って来た姿と重なる。まるで縄文人のように野山を駆け巡った空海は、八百万《やおよろず》の神々の向こうにいる「絶対神」を「大日如来」（COSMIC BUDDHA）というわかりやすい形で私たちに可視化してくれたのかも知れない。

そして何と言っても、一二〇〇年も経つ令和の今でも、善男善女が「空海」のことを「お大師さん」と親しみを込めて呼び、その足跡を辿ってただひたすら四国の山野を〃お遍路〃して歩く。考えてみれば、実に不思議なことであり、奇跡的な出来事ではないだろうか。「遍照金剛」でも「弘法大師」でもなく、あくまでも「お大師さん」なのである。煩悩の塊である私でさえ、

「〃いつか〃お大師さんの歩いた道を辿ってみたい」漠然とそう考えていた。

そしてもう一人、私にとって大事な存在がある。戒名もつけず、享年六十八歳という若さで今は新宿の源慶寺に田所康雄としてひっそりと眠る、敬愛する渥美清さんである。

暇な午後ふらりと立ち寄った映画館で、失恋して山手線を一周したあと行くあてもなく飛び込んだ新宿の深夜映画で、もちろん、正月のお屠蘇気分で、「寅さん」はいつも私の傍に居てくれた。そして必ず、じんわりと温かい美酒を身体の隅々にまで注ぎ込んでくれたのである。「寅さん」のたたずまいに、そして山田洋次監督が見事に切り取ってくれる「日本の原風景」にどれほど心癒され、「この国に住む幸せ」をさえ感じたことかわからない。その「寅さん」こと渥美清さんが、「お遍路」に興味を持っていたということを知った。恐らく、「寅さん」を

演じ続けることに心の芯が疲れ果てていたのだろう。

《お遍路が一列に行く虹の中》

「風天」の俳号を持つ渥美さんが、亡くなる二年前、六十六歳のときに詠んだ一句である。そして、『男はつらいよ』第四十九作は「寅次郎花へんろ」に決まっていたという。「お遍路」に心を寄せつつ、そして身体の不調に耐えながら「寅さん」として虹の中に消えてしまった渥美清こと田所康雄さん。

「田所康雄はそーっと消える」生前、それが理想だと奥さんに語っていたという。一方で、「死ぬのは、いやだねえ」そう言いつつ、

「オレかい？オレはね、ひとり静かに、誰もいない山道をとぼとぼ歩いて行くんだよ。そうすると、枯葉がね、チャバチャバと手品師の花びらのように落ちてくるんだよ。それでオレはね、ひとり静かに歩いていって、バッタリと倒れるんだ。そうするとね、枯葉がどんどん落ちてきて、オレはやがて枯葉に包まれて、かくれんぼしてるみたいに見えなくなってしまう。そうやってオレは、どこの誰だかわからないように死んで行くんだよ」そう語っていたという（篠原靖治『渥美清最後の日々』祥伝社）。まるで、死を覚悟しながら歩き続けた江戸時代のお遍路さんそのままである。

そんな渥美さんが、晩年、ぜひ演じてみたいと念じていた人物がいる。

〈咳をしても一人〉

放蕩の末に香川県の小豆島で孤独死した俳人、尾崎放哉《おざきほうさい》である。第四十六作「寅次郎の縁

談」の撮影中、渥美さんは痛む身体を押してわざわざ放哉の墓を詣で、じっと手を合わせている。放哉は、渥美さんと同じく結核を患っていた。そしてもう一人。

〈分け入っても分け入っても青い山〉

全国を放浪し、「お遍路」の末に辿り着いた四国松山で往生を遂げた漂泊の俳人、種田山頭火《たねださんとうか》である。その山頭火もまた、〝兄弟弟子〟ともいえる放哉の墓で手を合わせている。幼い頃、自死した母親の姿を目撃したことから青年期に精神を病んだこともある山頭火は、「病んでも長く苦しまないで、あれこれと厄介をかけないで、めでたい死を遂げたいのである」と、念願どおり「ころり往生」を遂げた。

彼が残した『四国遍路日記』には、行乞《ぎょうこつ》（乞食《こつじき》）の辛さや〝お接待〟のありがたさ、そして悔恨や安らぎとともに、こよなく愛する酒に対する思いが驚くほど素直に綴られている。

常に「死」をすぐそこに感じながら生きた渥美さんと山頭火。渥美さんは、盟友でもある脚本家の早坂暁氏と山頭火の足跡を追って各地にシナリオ・ハンティングまでしている。結局、「寅さん」を優先してこの話は断念せざるを得なかったのであるが、早坂氏は、かつて、制作予定であった第四十九作と同名の『花へんろ』をテレビドラマ化し、そのナレーションを務めたのが渥美さんである。

「四国かあ！」

種田山頭火

まだ見ぬ四国の碧い山々と清流が、私の脳裏に鮮やかに広がった。

その日、いつものように学生時代からの友人であるフクショウと一杯飲んでいた。高校を卒業し、九州は大分から上京して下宿生活を始めたばかりの私は、「東京弁」を操る自宅通学生に今一つ馴染むことが出来なかった。しかし、当時、どういう訳か池袋のど真ん中に住んでいた彼だけにはなぜか同じ匂いを感じた。訊いてみると、徳島出身だという。それから数十年経った今でも、横浜出身の奥さんから〝徳島狂い〟と呆れられるぐらい「徳島マイラブ」の男である。その彼が、ポツンと呟いた。

「身体が動くうちに、〝いつか〟ゆっくり徳島を歩いてみたいなあ。〝お遍路姿〟かナンかでさあ」

そのとき、自分でも予想だにしていなかった言葉が勝手に私の口からついて出た。

「よし、『お遍路』に行こう！」

「えっ？」

「〝いつか〟は絶対にやって来ないよ。常に今が一番若いンだから、とにかく一度行ってみよう。奇跡的に中風から回復した一茶の《今年から丸儲けぞよ娑婆遊び》の心意気だよ」

まるで、自分自身に言い聞かせているような気がした。

かくして、「弥次郎兵衛」こと煩悩だらけの呑兵衛の私と、「喜多八」こと坐骨神経痛に痔持ち病弱者のフクショウという、凸凹コンビの「弥次喜多へんろ旅」が始まったのであった。

「寅さん」と、旅と俳句と山頭火
―弥次喜多へんろ道中記―

目次

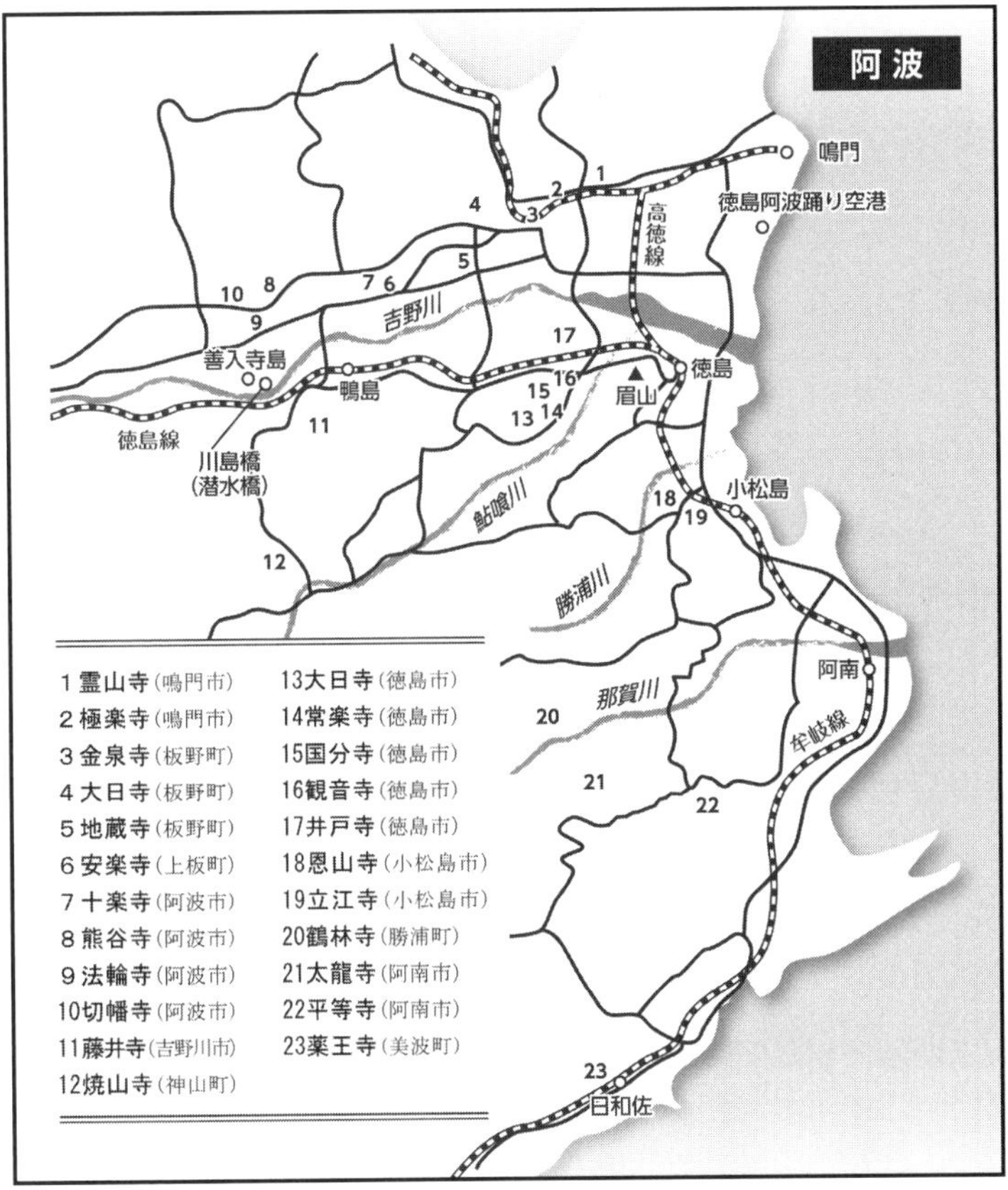
阿波
鳴門
徳島阿波踊り空港
高徳線
吉野川
善入寺島
鴨島
徳島線
川島橋
(潜水橋)
徳島
眉山
小松島
鮎喰川
勝浦川
那賀川
阿南
牟岐線
日和佐
1 霊山寺(鳴門市)
2 極楽寺(鳴門市)
3 金泉寺(板野町)
4 大日寺(板野町)
5 地蔵寺(板野町)
6 安楽寺(上板町)
7 十楽寺(阿波市)
8 熊谷寺(阿波市)
9 法輪寺(阿波市)
10切幡寺(阿波市)
11藤井寺(吉野川市)
12焼山寺(神山町)
13大日寺(徳島市)
14常楽寺(徳島市)
15国分寺(徳島市)
16観音寺(徳島市)
17井戸寺(徳島市)
18恩山寺(小松島市)
19立江寺(小松島市)
20鶴林寺(勝浦町)
21太龍寺(阿南市)
22平等寺(阿南市)
23薬王寺(美波町)

土佐〜伊予

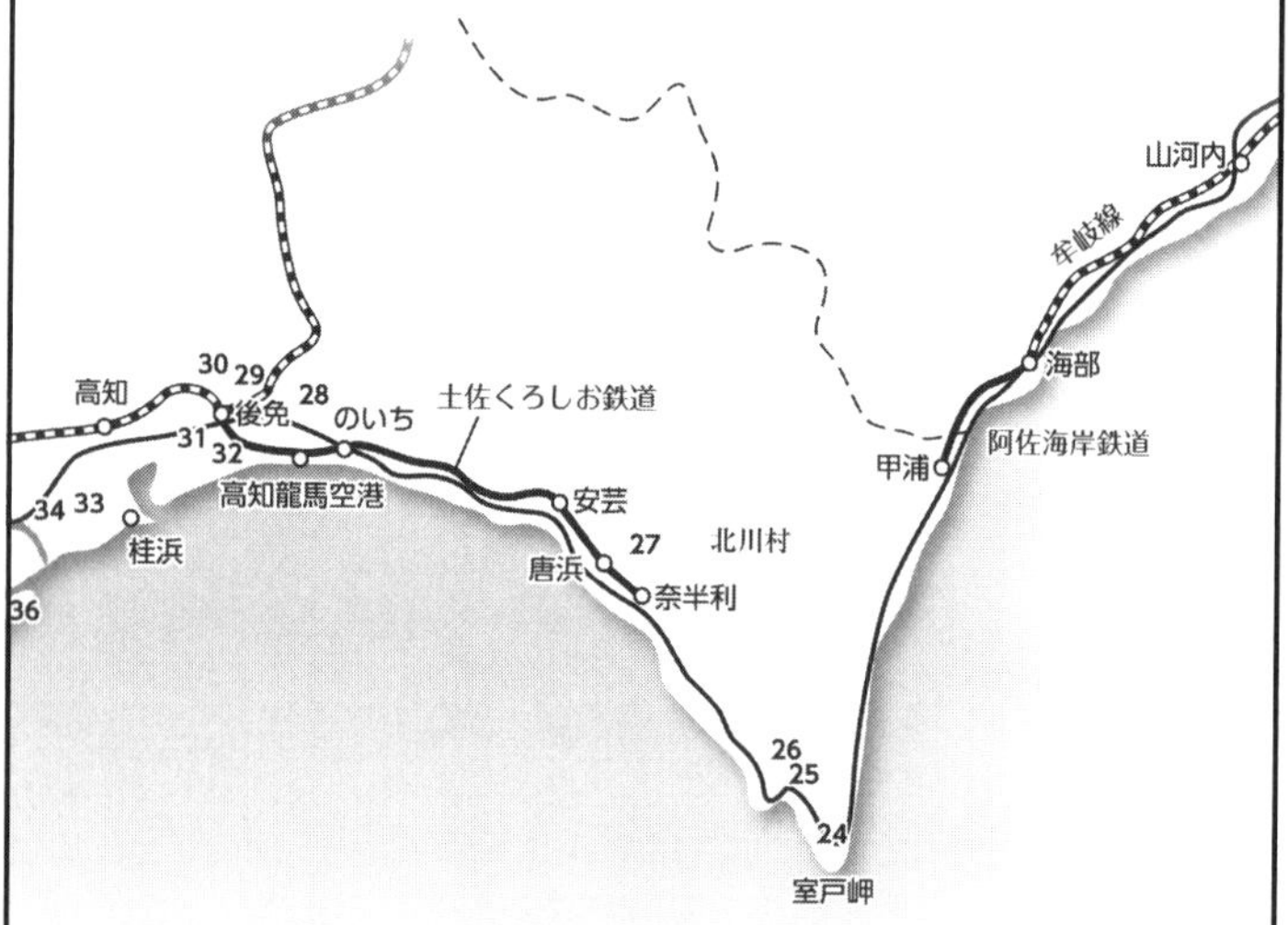

24最御崎寺（室戸市）	34種間寺（高知市）
25津照寺（室戸市）	35清瀧寺（土佐市）
26金剛頂寺（室戸市）	36青龍寺（土佐市）
27神峯寺（安田町）	37岩本寺（四万十町）
28大日寺（香南市）	38金剛福寺（土佐清水市）
29国分寺（南国市）	39延光寺（宿毛市）
30善楽寺（高知市）	40観自在寺（愛南町）
31竹林寺（高知市）	41龍光寺（宇和島市）
32禅師峰寺（南国市）	42佛木寺（宇和島市）
33雪渓寺（高知市）	43明石寺（西予市）

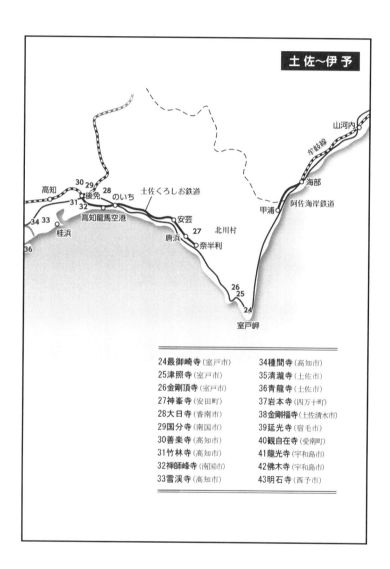

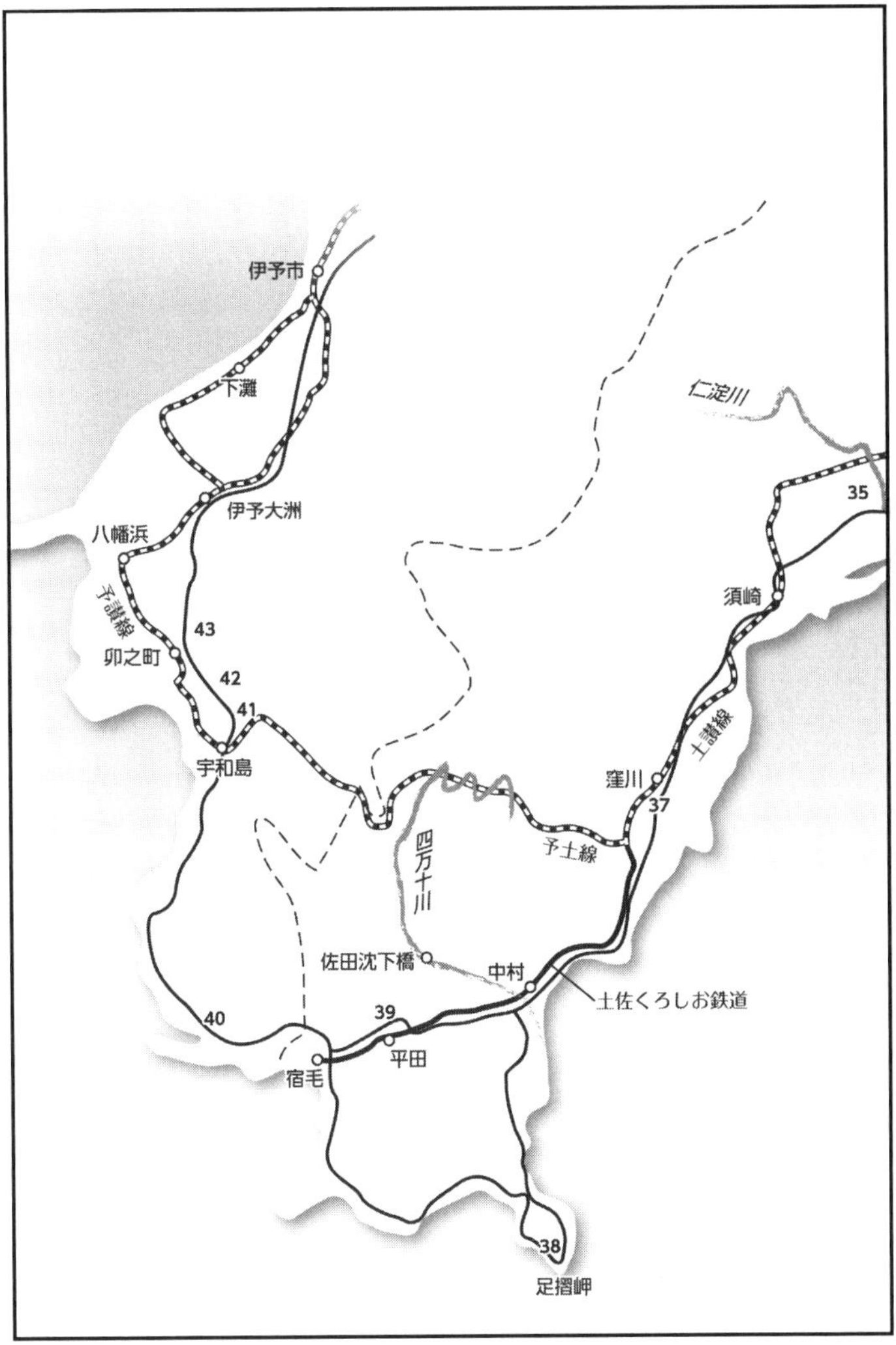
伊予市
下灘
伊予大洲
八幡浜
予讃線
43
卯之町
42
41
宇和島
仁淀川
35
須崎
土讃線
窪川
37
予土線
四万十川
佐田沈下橋
中村
土佐くろしお鉄道
40
39
平田
宿毛
38
足摺岬

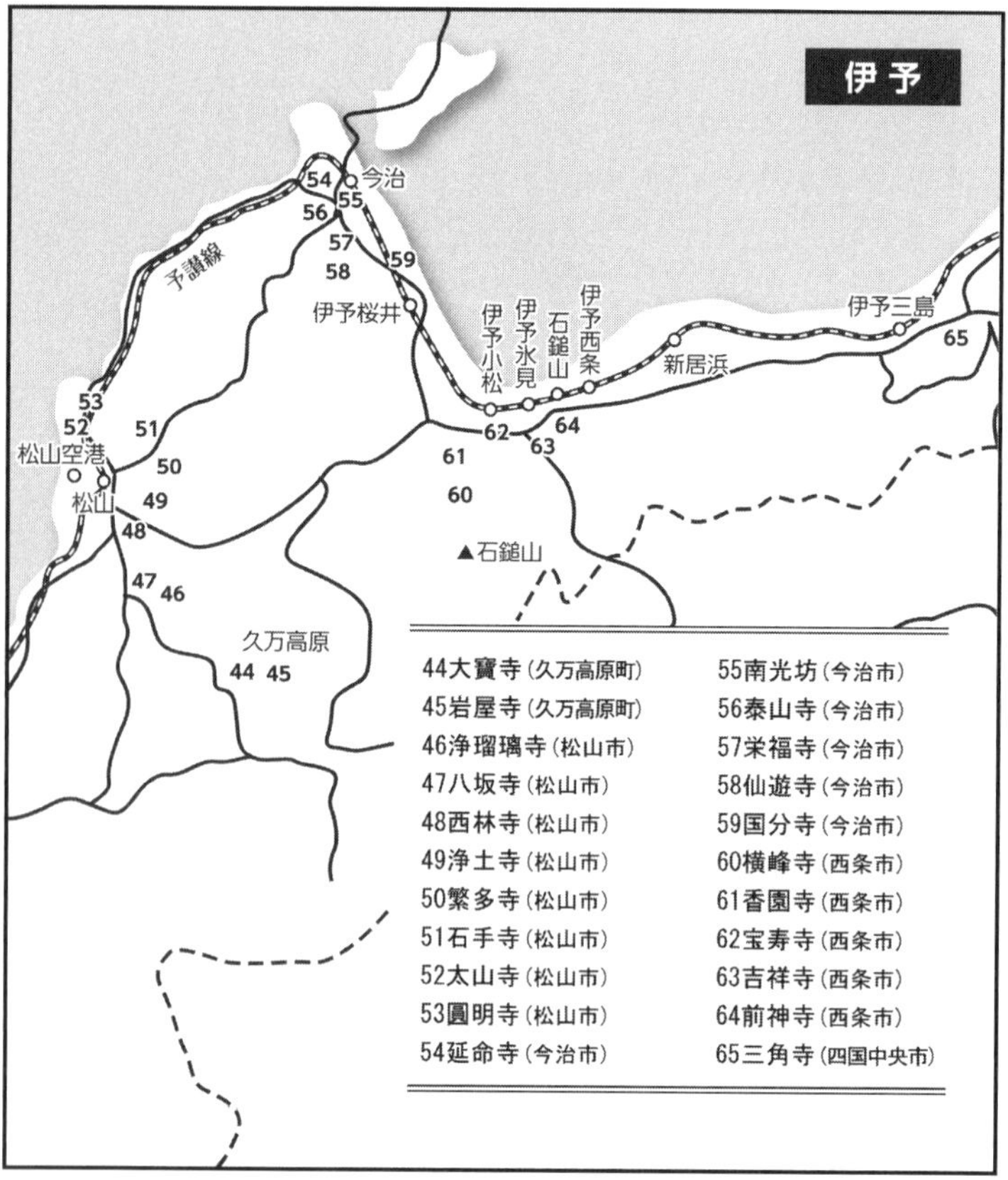
伊予
今治
54
55
56
57
58
59
予讃線
伊予桜井
伊予小松
伊予氷見
石鎚山
伊予西条
新居浜
伊予三島
65
53
52
松山空港
51
50
松山
49
48
47
46
62
63
64
61
60
▲石鎚山
久万高原
44
45
44大寶寺（久万高原町）
45岩屋寺（久万高原町）
46浄瑠璃寺（松山市）
47八坂寺（松山市）
48西林寺（松山市）
49浄土寺（松山市）
50繁多寺（松山市）
51石手寺（松山市）
52太山寺（松山市）
53圓明寺（松山市）
54延命寺（今治市）
55南光坊（今治市）
56泰山寺（今治市）
57栄福寺（今治市）
58仙遊寺（今治市）
59国分寺（今治市）
60横峰寺（西条市）
61香園寺（西条市）
62宝寿寺（西条市）
63吉祥寺（西条市）
64前神寺（西条市）
65三角寺（四国中央市）

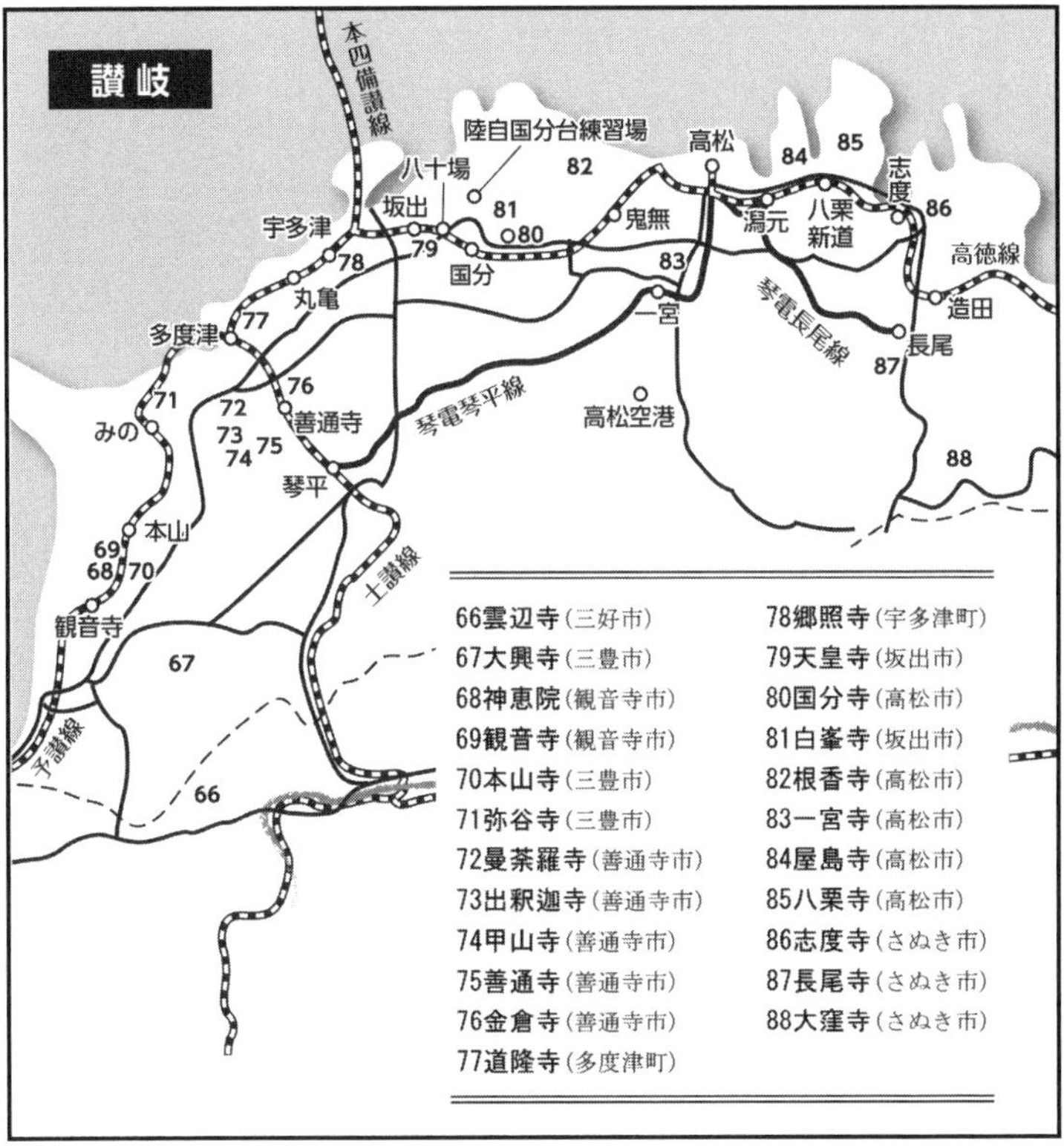
讃岐
本四備讃線
陸自国分台練習場
高松
八十場
坂出
宇多津
鬼無
潟元
八栗
新道
志度
国分
丸亀
一宮
造田
高徳線
多度津
琴電長尾線
長尾
善通寺
琴電琴平線
高松空港
みの
琴平
本山
土讃線
観音寺
予讃線
66 67 68 69 70 71 72 73 74 75 76 77 78 79 80 81 82 83 84 85 86 87 88
66雲辺寺（三好市）
67大興寺（三豊市）
68神恵院（観音寺市）
69観音寺（観音寺市）
70本山寺（三豊市）
71弥谷寺（三豊市）
72曼荼羅寺（善通寺市）
73出釈迦寺（善通寺市）
74甲山寺（善通寺市）
75善通寺（善通寺市）
76金倉寺（善通寺市）
77道隆寺（多度津町）
78郷照寺（宇多津町）
79天皇寺（坂出市）
80国分寺（高松市）
81白峯寺（坂出市）
82根香寺（高松市）
83一宮寺（高松市）
84屋島寺（高松市）
85八栗寺（高松市）
86志度寺（さぬき市）
87長尾寺（さぬき市）
88大窪寺（さぬき市）

第1章

みなもすなる「お遍路」を

木標と石標に導かれ（3番札所金泉寺手前）

夏山で、草が赤くて石の香りが漂うころ
冬近く、木枯らし吹いて紅葉や欅を散らすころ
年は暮れない。鞄をもって雪駄をはいて……
これみんな、私の人生のはかりごと

（渥美清『男はつらいよ寅さん読本』ＰＨＰ研究所）

ホントに行くの？

〔四月二十日（土）　晴れのち曇り〕

二〇一三年（平成二十五年）四月二十日の早朝、私は羽田空港のロビーにいた。待ち合わせ場所を探してウロウロしていると、大きなリュックを背負ったフクショウの姿が見えた。

「よお、おはよう。いよいよだなあ、ホントに行くんだネ！」

「ナニ言ってんだよ、自分から言い出しといて。ホントに行くんだよ」

彼は苦笑いした。酒の席で、「お遍路に行こう！」と盛り上がりはしたものの、恐らく、「いつかはやってみたいよなァ」というのがお互いの本音だったような気もする。ところが、話はトントン拍子に進み、アッと言う間にこの日を迎えたのである。実行に移すかどうかは必ずし

も〝熟慮〟が必要なのではなく、こういう〝勢い〟が大切なのかも知れない。

フクショウとは、現役時代によく関東近郊の山々を歩いたものである。私がワインとつまみを持って行くのが慣例で、頂上でホロ酔い気分で大の字になっている間に秋の陽がとっぷりと傾き、大慌てで下山したこともある。山では、私が持って行く厳選したつまみよりも、フクショウが必ず持って来る魚肉ソーセージの方がずっと美味いということも知った。尾瀬に行ったときには、新宿のガード下で飲み、そのまま夜行バスに飛び乗った。水も持たずに乗り込んだことを後悔しながら車中で悶々と一夜を過ごし、「鳩待峠」に着いたのは明け方五時。ちょうどその日に梅雨明けしたばかりの尾瀬は、二日酔いの二人にとってあまりに過酷であった。容赦なく直射日光が降り注ぎ、何度か木道を踏み外しそうになる。途中、すれ違ったおばあさんのグループから、

「イイわねえ！　兄弟仲良く尾瀬歩きなんて」と声をかけられ、互いに顔を見合わせた。

「お前が兄貴だってよ」私が言うと、喜多八ことフクショウは、

「ナニ言ってんだよ。どう見たって、外見上オマエがお兄さんだろう」と弥次郎兵衛に返す。凸凹弥次喜多コンビは、いつもこんな風であった。

山歩きをしていた頃
右がフクショウ

全く性格の異なる二人であるが、もし共通点があるとすれば、どちらも「感激屋」であることと、「批判屋」が大嫌いなことであろうか。

感激屋で涙もろい二人は、情けないことにカラオケでさえ胸に突き刺さる歌詞が出てくるとマイク片手に滂沱《ぼうだ》の涙である。歳を取ると涙腺が緩むというが、一概に老化現象とばかりとは言えず、人間長く生きていると、つらかったあの日、身につまされるあの話が秋の枯葉のごとく心の奥底に降り積もり、ふとした拍子に溜まったダムの水が一気に決壊するかの如く溢れ出るのである。

そして、お互いに組織で仕事をしてきただけに、皆で議論し、人の意見にも耳を傾け、最後は自分が全責任を取る覚悟を示さなければ誰もついて来てくれないということが身に染みている。『権力』を批判することはとても気持ちがいいものだけれど、「批判」よりも「提言」、出てくる料理に〝難癖〟をつけるだけなら誰にだって出来る。政治家だろうが専門家だろうが、品のない揚げ足取りに明け暮れるコメンテーターとやらと、それをそのまま垂れ流すマスコミが苦手なのである。

前年、私は都庁を退職し、三十三年間の公務員生活に終止符を打ったばかりであった。都庁に入るまでは、いわゆる「フリーター」暮らしが長かった。大手レコード会社を辞めてアメリカを放浪したあと、大分の実家で零細「ボーリング屋」を手伝った。地質調査をメインに別府温泉のメンテナンスまで請け負う。幼馴染のテルちゃんこと赤峰映洋《あかみねてるひろ》君が何かとサポートしてくれたのだが、父親との折り合いが良くなかったこともあって再び上京。川崎にある大手製缶工場の夜勤や横浜の学習塾講師など仕事を転々とし、最後に拾ってくれたのが都庁であった。当時の年齢制限ギリギリ、二十七歳直前であった。

「アンタには世話になったな！」

かつて三年間秘書を務め、四期目当選を果たしたばかりの石原慎太郎都知事からニヤリと笑って退職辞令をもらったときには、さすがにグッと胸に迫るものがあった。退職後、東京港埠頭(株)という外郭団体に勤めたのだが、東京港のポートセールスで米国に滞在中、突然、石原都知事辞任の報が届いた。お遍路を始めた当時は、東京港の管理運営主体を巡って国と争っている真っ最中であった。

一方、フクショウの方は、大好きな自然との触れ合いを求めて大手飼料会社に入社したものの、なぜか畑違いのコンピュータ部門に回され、結局、上層部との軋轢が原因で三十代後半に会社を飛び出している。それでも、能力と人柄を買われてあるIT企業の経営を任され、女性社員を積極的に活用しながらその手腕を大いに発揮していた。ところが、民主党政権下で突然返還を求められた巨額の「雇用調整助成金」のあと処理に忙殺され、身体を壊して二度も救急搬送されていた。いつもは明るい

石原慎太郎都知事秘書時代
左から2人目が筆者

フクショウの苦悩する姿に、友人として心を痛めていた。

その外、お互いに身内に病人を抱えるなど、それぞれお遍路を先延ばしにする言い訳はいくらでもあったのだが、それがわかっているだけに決して自分の方から言い出すことはなかった。


初めてのお遍路である。最初は無理をせず、春先の土日を挟んだ二泊三日で出かけることにした。いわゆる「区切り打ち」である。行程はフクショウが細かく調べ上げてくれ、さすがITの専門家らしい詳細な「行程案」が完成した。

書店でガイドブックを買い求め、私の担当である線香と蝋燭の外、着替えや雨具、救急用品、さらに本来の目的を忘れてまだ山登り気分が抜けない私は、寝酒用のウイスキーが入った〝スキットル〟やつまみをリュックに詰め込んだ。いきなりお大師さんからどやしつけられそうであるが、山頭火の気持ちも理解してみたかったのだ（もちろんこれは言い訳である）。結局、リュックはズシリと十キロ近くになった。山歩きをしていた頃にも、さすがにこれほどの荷を背負ったことはない。この重さが、お遍路の途中で次第に体力を奪っていくことになる。


「軽くうどんでも食っておいて、向こうでナンか〝美味いモン〟でも食おうや」

「そうだナ」

無事のお遍路を祈念して、うどんに軽く生ビールで乾杯し、出発ロビーに向かう。ロビーを見回すと、既に白装束を羽織り、菅笠を首からぶら下げた初老の男性が目に入った。

「オォ、やる気満々だなあ！」いよいよ、これから自分たちも本当にお遍路に出かけるんだ、という実感が湧いてくる。ただ、お遍路を前にして、一つ気になることがあった。

「あのさア、ちょっと言いづらいんだけど」とフクショウに呟《つぶや》く。

「ナニ？」

「今、四国八十八ヶ所の霊場のご本尊すべてが東京に来てるんだって」

「……」

　私は、新聞記事を見せた。

〈四国霊場開創一二〇〇年記念催事「一日で回るお遍路さんＩＮ丸の内」

　四月十八日から二十五日まで　全行程一三〇〇キロを一日で
　八十八体の出開帳《でかいちょう》は七十七年ぶり、東京で初めて
　　　　　　　　　　　　　　　　　　　　前売り券二〇〇〇円〉

「ナンだ、これ？」

「全部回るとお遍路したのと同じ〝功徳〟があるんだってサ」

「二十五日までって、じゃあ、オレたちが回っている間、どのお寺にもご本尊がいないってこと？」

「まあ、そういうことになるナ」

「バカ言ってんじゃないよ、そんな安易な方法で〝功徳〟なんて」

「オレに怒ったって仕方ないサ。でも、そうだよナ、オレたちは別にご本尊に手を合わせに行

くわけじゃなくて、『お大師さん』に会いに行くんだよ。〃功徳〃がどうのこうのじゃないのよ、オレたちは」
「そうそう、お遍路の意義は〃お寺とお寺の間〃にあるんだよ」などとわかったようなことを言いながら鼻息も荒く、他の搭乗客にぶつからないよう周囲に注意を払いながら、重いリュックを棚に収めた。
七時四十五分、初めてのお遍路の地「徳島」に向けて、いよいよ「弥次喜多へんろ旅」が始まった。

「今朝はいよいよ出発、更始一新、転一歩のたしかな一歩を踏み出さなければならない。七時出立、徳島へ向かう」

『種田山頭火四国遍路日記』(以下『遍路日記』)

初歩き

八時四十分、『発心の道場』阿波ノ国徳島の玄関「徳島阿波踊り空港」に降り立つ。生まれ故郷の大分までのフライトに慣れた私にとって、四国まではアッという間であった。天気は春らしい上天気。出口の横には、いかにも徳島らしい阿波踊りの像が立っている。

「徳島に来たぞ！」

時間を節約して、四国八十八ケ所霊場の一番札所「霊山寺《りようぜんじ》」（鳴門市）までタクシーを飛ばす。約四十分、料金は五千円。しかし、割り勘にすれば、時間に制約のある「区切り打ち」のお遍路にとってはありがたい金額である。

（あゝ、ここかあ！）

「霊山寺」の門前は、『男はつらいよ』第二十六作「寅次郎かもめ歌」に出てくる。テキヤ仲間の死を知った「寅さん」は、北海道の奥尻島でその娘すみれ（伊藤蘭）と知り合い、柴又に連れて帰る。そして、定時制高校に通いたいというすみれのために奔走し、例によってひと騒動起こすのである。ラストシーンで、霊山寺門前の茶店で「寅さん」がお茶を飲んでいる。


《土筆これからどうする一人ぽつんと》（風天四十六歳）


聳《そび》え立つ仁王門を改めて見上げ、一礼して境内に入る。

〈四国遍路開創千二百年〉の幟《のぼり》が翻る。桜は散ったものの、うららかな時節を迎え、鯉が泳ぐ「放生池《ほうじょういけ》」の周りには、思いのほか遍路姿が多い。しかし、我々のように大きなリュックを背負った姿は意外に少なく、ほとんどが車やバスで回るお遍路さんのようである。

一番札所「霊山寺」だけにある「巡拝案内所」で、最低限の遍路姿に変身すべく装束を誂《あつら》える。芸能人などがお遍路に挑戦する番組で、必ず最初に登場する場所である。

1番札所霊山寺から出発

我々は、それぞれ白衣の道中着、首から掛ける輪袈裟、「弘法大師と二人で」という意味の「同行二人《どうぎょうににん》」と書かれた頭陀袋《ずたぶくろ》、納札《おさめふだ》、そして納経帳を購入する。締めて一万円弱である。菅笠《すげかさ》と金剛杖《こんごうづえ》は、さすがに〃ナンチャッテ遍路〃には気恥ずかしくて遠慮したが、このあと、山道を登り下りし、灼熱の太陽に晒されながら土佐路を歩いたときに、初めてその重要性に気づくことになる。決して、格好だけの問題ではなかった。無料配布の教本で、一通りのお参りの作法と、お手洗いに行くときには必ず輪袈裟を首から外すことなど、基本を教えてもらう。

いよいよ、初めてのお参りである。

手水場で手と口を清めてから「本堂」に向かう。まず、納札を箱に納めるのであるが、慌てて裏に名前と住所を記す。蝋燭、線香担当の私がそれぞれ頭陀袋から取り出し、蝋燭を一本ずつ、線香を三本ずつ所定の位置に立てる。数珠を手にして合掌したあと、新参者らしく遠慮して少し脇にそれ、教本を開く。四国で初めて唱える「般若心経」は、手慣れたお遍路さんグループが唱える大きな声に気後れして声も小さく、二人の読むタイミングも今一つ合わない。

〈仏説魔訶般若波羅密多心経……羯諦羯諦、波羅羯諦、波羅僧羯諦、菩提薩婆訶、般若心経〉

次に、「霊山寺」のご本尊である「釈迦如来」の真言〈のうまくさんばんだ、ぼだなん、ばく〉、そして、「光明真言」と大師の「御宝号」〈南無大師遍照金剛〉をそれぞれ三遍ずつと、仏道に帰依する「回向文《えこうもん》」を唱え、最後に、心の中で「先祖供養」と家族一人ひとりの「家内安全」を願って、やっと一通りが終わる。とまあ、ここまで辿り着くだけでもうヘトヘトである。

次に「大師堂」に向かい、同じことを繰り返す。ただし、ここではご本尊の真言は唱えず、お大師さんと二人向き合うことになる。

すべての作法が終わり、やっと納経所で所定の三〇〇円をお支払いして記帳をお願いするのであるが、墨蹟鮮やかに御本尊を表す梵字が書かれ、その上から赤い御朱印が押されたときには、やはり感無量である。

（お遍路さんは、この瞬間のためにがんばって歩くんじゃないか）とさえ思えた。最後に、御本尊の分身である小さな「御影《みえい》」をいただくと、丸の内に出張中、いや「出開帳」でずらりと並んでいるであろうご本尊との距離が一気に縮まる。

山門で一礼し、いよいよ次の二番札所に向けてお遍路が始まる。

出発に当たって、この先、一体自分がどれほど歩き続けられるものか、甚だ不安であった。フクショウは、山門の脇でゴルフ前と同じストレッチを繰り返す。ゴルフをやらない私も両足を十分に屈伸し、足の裏に入念にテーピングを施す。マメが出来て歩けなくなるのが一番怖かった。我々の傍に、もう何度も歩いて回ったというベテランのお遍路さんがいたので訊いてみた。

「連続して回ると、一体どのくらいかかるものナンですか？」

「まあ、千二百キロを、四十五、六日もあれば回れますよ」

「一か月以上！　で、足の方は大丈夫でしたか？」

「最初の二、三日がいちばんつらいですよ。でも不思議なもので、それを過ぎると身体が慣れて、何日歩いても平気になってくるもンです。あなた方みたいに、せっかく身体が馴染んだ頃また振り出しに戻るのは、逆にしんどいと思いますよ。まあ、お仕事の都合や何かで致し方ないのかも知れませんが」

「……」弥次喜多二人、思わず顔を見合わせる。

遍路道

ベテランお遍路さんに礼を言い、不安と高揚感が交差する中、「弥次喜多へんろ旅」のスタートである。どこまで回れるかわからないが、とにかく丸二日間は歩き続けなければならない。
まず、第一歩を踏み出す。二歩、三歩と歩みを進めるうちに、
「あゝ、オレたちは本当にお遍路を始めたんだ！」という実感が湧いてくる。
撫養《むや》街道を約一・四キロ、十五分ほど歩き、アッと言う間に二番札所「極楽寺《ごくらくじ》」（鳴門市）である。朱色の山門をくぐり、境内にあるお大師さんお手植えと伝えられる「長命杉」の幹に

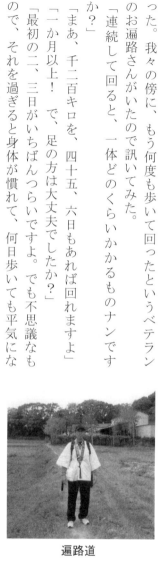

そっと触れてみる。先ほどの手順を思い出し、まだぎこちないながら、本堂でご本尊の「阿弥陀如来」の真言〈おん、あみりた、ていせい、からうん〉を三遍唱え、大師堂をお参りして納経を済ませ、三番札所「金泉寺」に向かう。

「いい天気だなあ」とフクショウは空を見上げる。

「ウン、いい天気だ。でも、お遍路は『無言の行』。ペラペラしゃべっちゃいけないらしいよ」

「そんなこと、イザワに出来るかい？」

「無理だナ！」

歩いていると、フクショウの携帯に部下から何やら指示を仰ぐ電話がかかってくる。まだ、残務処理や何かで大変なんだろう。

「『雇用調整助成金』の件、何かと大変だったなあ」

「あゝ、経営者責任だから仕方ないけどサ、あンときはさすがに参ったよ。社員の首を切らないように必死にがんばったのに、今度は『解釈が変わったから助成金を一部返せ』だからなあ。政権が変わると『解釈』まで変わるのかな」

「『解釈』のことはよくわかンないけど、あの三年間は一体ナンだったんだろうなあ」

実は、政権交代当時、私も都庁で「米軍横田基地」の返還担当をしていたのでよくわかる。当時の外務省幹部は、『政治主導』ですから。私たちには何にも情報がないんです」とすっかり傍観者を決め込み、交渉のテーブルに着こうとさえしなかった。政権がしっかりしないと、末端組織の役人は妙な「忖度《そんたく》」をする。それだけならまだしも、「阪神淡路大震災」や「東日本大震災」という未曽有の大災害においては、代わったばかりの政権の下で、関係機関や地方自治体、国民は大いに混乱させられることになった。

お互いに俗世で翻弄され続けてきただけに、経営トップとしてのフクショウの苦悩と憤慨はよくわかる。お大師さんが歩いた道を辿りながら、まだまだ弥次喜多二人は生臭い「現世」を引きずっている。

「同行二人」の道しるべ

道々に貼ってある〈へんろ道〉や〈同行二人〉と書かれた小さな「道しるべ」が、これから我々を「巡礼の旅」に連れて行ってくれることになる。

諏訪神社前を横切り、〈四国のみち〉と書かれた「木標」や、江戸時代のものらしい「石標」で方向を確かめながら歩く。道の両側には民家が並び、広い庭には、早、鯉のぼりが翻っている。ここにも、地方の豊かで着実な日常生活がある。

約三キロを四十分、三番札所「金泉寺《こんせんじ》」（板野町）に到着した。まずは、順調である。「極楽寺」よりも一回り大きな朱に塗られた山門が、まるで人の顔のように見える。階段を登り、山門をくぐる。ご本尊は「霊山寺」と同じ「釈迦如来」。一連のお参りの作法にもだいぶ慣れてきた。

次は、四番札所「大日寺《だいにちじ》」（板野町）である。「板野町役場」の前を通ってしばらく行くと、「道しるべ」は山の方向を指し示す。いよいよ山道である。フクショウが、遍路道保存協会編の『四国遍路ひとり歩き同行二人［地図編］』（以下「地図帳」）を引っ張り出して確認する。以後、この詳細なルートマップが、「歩き遍路」にとっての強力な〝助っ人〟となる。空腹を忘れ、お遍路気分が高まる。やはり、土の道はいい。小手鞠《こでまり》が咲き、薄紫色の山藤が視界に入る。晩春の緑の香りが歩き遍路の醍醐味を醸し出してくれる。墓地や集落を抜けて行くと、電信柱の上に鷹が悠然と止まり、ツーピー、ツツピーと鳴くシジュウカラに混じってウグイスの声が響く。思わず口笛で鳴きマネをすると、右へ左へ木々を飛び移りながらついてくる。まだまだ余裕の序盤である。二人でよく近郊の山々を歩いていた頃を思い出す。

「〝草木国土悉皆成仏〟。やっぱり山道はいいなあ！」

あの日、一杯やりながら「お遍路に行こう！」と盛り上がりはしたものの、それがすぐに実現し、今こうして実際に四国を歩いているということが実に不思議である。「言霊」に誘われて「弥次喜多へんろ旅」である。

《はるかぜ口笛よくにあう》（風天四十六歳）

道はさらに遍路道らしくなってきた。ポツン、ポツンと〝廃屋〟が目につくようになる。これもまた、地方の一方の現実である。思わずカメラを向けると、

「オイ、ナニ撮ってんだよ?」とフクショウが訝しむ。

「廃屋。いやあ、裏街道はすっかり寂《さび》れちゃって、厳しいなあ。山頭火の『遍路日記』にも四国は空き家が多いって書いてあったけど、今でもそうなのかな?」

「どうでもいいけどサ、あんまりオレのふる里の恥部を撮るなよナ!」

苦い顔のフクショウであるが、朝、羽田でうどんを食べただけのお腹がグーッと鳴る。


《チューリップ風にふるえて家は留守》(風天四十七歳)

「寅さん」の照明技師長、青木好文さん

「寅さんにもこの道を歩いて欲しいなあ!」

そして、歩きながら、フクショウにこんな話をした。

松竹映画は、昔から女優を美しく撮ることにかけては定評があった。それは、〃カメラマン〃はもとより、〃照明マン〃の技量にも大いに頼るところがあった。

その年の一月、地元タウン誌の片隅に、『男はつらいよ』の照明技師を長年務めた青木好文氏の座談があるという記事を見つけた。青木氏は、日本初のカラー映画『カルメン故郷に帰

る』の照明助手を経験し、山田組の照明監督として『男はつらいよ』全四十八作中四十作、そして、『幸せの黄色いハンカチ』や『キネマの天地』などで照明チーフを務めた大ベテランである。大病を経て退院したばかりだという氏は、そのとき八十五歳。もう二度とこんな貴重な機会はないだろうと、期待に胸を躍らせながら会場のある「大磯」に向かった。やっと探し当てた民家のような小さな会場には、すでに二十人ほどが車座になって氏を取り囲んでいた。渥美清さんとは歳が一つ違いということもあり、現場では「青ちゃん」「渥美さん」と呼び合う仲であったらしい。

（渥美さんも、ご健在であればこんなお歳であったか）

話は続いていた。

〈撮影現場では様々な場面に遭遇しますし、出演者も気を許すと色んなお話をしてくれます。競馬場で撮影したときには、遅れた立川談志を藤山寛美さんが土下座させたなんてこともありましたよ。

それにしても、男にとってお母さんというのは大きな存在ですねえ。五十代で痴ほう症になってしまった橋幸夫さんのお母さんは、子どもの顔さえわからないのに『いつでも夢を』だけは一言一句間違えずに一緒に口ずさんだそうです。悪ガキでお母さんっ子だった武田鉄矢さんのお母さんは、「泣き崩れる顔を見たくないから、鉄矢より長生きして自分が見届けたい」とおっしゃっていたそうです。

特に思い出すのは、坂本九さんですねえ。山田監督が『九ちゃんのでっかい夢』という映画を撮ったんですが、本当にお母さんっ子でねえ。そのお母さんが亡くなられて、もう皆さんがお焼香を済ませて帰られた頃、山田監督と二人でお通夜に伺ったんです。九ちゃん、山田監督を見ると、「ありがとうございます！」って、監督の肩に顔を埋めて泣き崩れるんです。その九ちゃんと、ある空港で便が欠航になってバッタリ会ったことがあるんです。「一緒に夕飯を」ってことになりましてね、空港のレストランでカレーを頼んだんですが、九ちゃん、福神漬けしか食べないんです。山田監督が、

「あれっ、九ちゃん、カレー大好物だったんじゃない？」って訊いたら、

「僕は母ちゃんの作ってくれるカレーが何よりも大好物だったんです。その味を忘れたくないから、一年間カレーを絶っているんです」って。

会場には、鼻をすする音が広がる。〉

〈照明の当て方一つで女優は口説けるし、男優は惚れさせることが出来ます。えっ、どういう意味かって？　たとえば、女優はライティング一つで痩せさせたり太らせたり頬骨を細くしたり、どんな美人にもなるんです。「寅さん」の撮影でのある大物女優さんの話です。物語の中での彼女のこれまでの人生を表現したくてネ、敢えてある角度で照明を当てたんです。ところがその女優さんは、そちらからはイヤだ、こちらにしてくれ、照明の角度を変えて目尻の小皺を隠せと。私もプロですから、そりゃあもう、大喧嘩になりましてねえ。

我儘なある大物男優を怒鳴りつけたこともあります。胸倉をつかんで言いました。「お前の都合に振り回されて何度も撮影の時間を変えたり、ダブルカメラで時間を短縮したりしてんだ。お前はちゃんと昼飯も食って、テレビ局でもギャラをもらって、そりゃあそれでいいだろう。でもいいか、よく聴け。ここのスタッフはな、ここだけで給料貰ってんだ。昼飯も食わずにお前を待って、たとえ撮影が夜中になっても残業代も出ないんだぞ、いい加減にしろ！」ってね。次の撮影では山田監督が気を遣ってくれてね、別の照明スタッフに変えてくれました。でも、その後の彼の成長を見たくてね、ある日そっと現場を覗いてみたんです。そしたら、ウン、心を入れ替えてくれていました。嬉しかったですねえ。

寅さんのメインの出演者たちは、そりゃあ皆さん素晴らしい方々ですよ。ただ、若い彼だけは、昔は酒癖が悪くてね。いつも酒の匂いをプンプンさせて撮影現場に入ってくるし、怪我をしたことさえあります。で、監督のいないところで彼をつかまえて、さすがに怒りました。「スタッフの仕事すべてがお前にかかってるんだぞ、わかってるのか」ってね。〉

〈えっ、照明を当てて一番美しいと思った女優ですか？　誰だと思います？　いや、吉永小百合はどこから撮っても美しいんです。照明の当て方次第でゾクッとするほど美しさが際立つ、言い換えれば、照明の当てがいのある女優さんっていうのがありましてね。大地喜和子、木の実ナナ、そして浅丘ルリ子さんです。〉

会場には、「ほおォ！」という声が広がる。

〈ルリ子さんと言えば、こんな話がありました。その日の撮影が終わり、リリー役のルリ子さんにスタッフ一同がサプライズで誕生日の花束を渡したんです。ルリ子さん、とっても喜んでくれてましてねえ。ところが、その日の夜中、私がそろそろ寝ようかなと思っていると、ドアをノックする音がするんです。こんな夜中に誰だろうと思ってドアを開けると、目を真っ赤に腫らしたルリ子さんが花束を抱えて立ってるんです。「どうしたのっ？」て訊いたら、「今日はあなたも誕生日だったっていうじゃない、どうしてそう言ってくれなかったの？」って、アイシャドウで目の下を真っ黒にしながら花束を半分渡してくれたんです。とっても嬉しかったんですけど、言いました。「どうもありがとう。でもね、あなたは表、私は裏。それでいいんですよ」ってね。

ウーン、渥美さんですか？　もう「寅さん」の晩年の撮影では、山田監督が私に訊くんです。「青ちゃん、今日は渥美さん、何時まで大丈夫？」って。私はその度に顔色を見てねえ、「今日は三時までかなあ？」って、そんな状態でした。〉

《股ぐらに巻き込む布団眠れぬ夜》（風天六十六歳）

空腹で飛び込む遍路小屋

話に夢中になって張り切り過ぎたのか、四番札所「大日寺」までの約五キロ、一時間二十分はさすがに疲れた。山門をくぐり、ご本尊の大日如来の真言、〈おん、あびらうんけん、ばざらだとばん〉を唱える。まだこの辺りの札所にはお遍路さんも多く、それも〃鳴り物〃入りでお経を唱える賑やかなグループに遭遇すると、少し時間をずらせてお参りすることになる。

「大日寺」を出発し、空きっ腹を抱えて約二キロを三十分かけて五番札所「地蔵寺《じぞうじ》」（板野町）まで歩く。それにしても、お腹が空いた。「地蔵寺」を出たところで限界に達し、「〃美味いモン〃どころか、こりゃあ、食いモンにすらありつけそうもないナ。コンビニがあったらおにぎりでも買うか」

しかし、甘かった。日本全国、コンビニならどこにでもあるものだと思っていたのだが、幹線道路沿いならともかく、街道から外れた遍路道には一切見当たらなかった。街道方向にやっと一軒のうどん屋の看板を見つけ、「うどんでもいいや」とすがるような思いで近づくと、まだ三時を過ぎたばかりだというのに、早、暖簾《のれん》を下ろしかけている。

「あのォ、すみません、まだ何か食べさせていただけますか？」

「申し訳ない、もう閉店です」

「……」

「こんな時刻に閉店、参ったなあ」

呆れてフクショウと顔を見合わせ、スゴスゴと遍路道に戻る。汗もかき、空腹はさらに募る。おまけにポツポツと雨まで降ってきて、初日からすっかり情けないお遍路になってしまった。

そして、さらに歩くことしばし、前方に小さな「東屋《あずまや》」を見つけた。

「アレ、もしかしたら遍路小屋じゃないか？」

砂漠でオアシスを見つけた旅人のごとくヘタヘタと近づくと、はたして遍路小屋であった。

箱の中に柑橘類が入っており、

〈お疲れ様です　どうぞご自由にお食べください〉

と書いてある。地獄に仏とはまさにこのこと、無人の遍路小屋で初めての〝お接待〟に与る。

金柑を二つ摘まんで口に放り込むと、甘酸っぱい果汁が口の中いっぱいに広がった。

「嗚呼《ああ》！」生まれてこの方、こんなに金柑が美味いと思ったことはない。疲れた身体と、朝、羽田でうどんを食べただけの胃袋に、ジワッと染み渡る。

「ありがたいなあ、オイ！」

情けない顔をした弥次喜多二人が思わず顔を見合わせ、溜息をつく。夏みかんだろうか、そのあと大きな柑橘を一つずついただき、お礼の納札を置いて一礼し、出発する。お礼に渡す納札には住所と名前を書く必要はないそうであるが、そのときはただただ感謝の気持ちを伝えたく、敢えて記させてもらった。地元の方々の心のこもった〝お接待〟に元気をもらい、さあ、もう一息である。

「しぐれだしたがしぐれるままに行乞しつづけた（薯、餅、菓子、柿、密柑《ママ》、――そのまま食べられるものが今朝はうれしかった、何しろ腹が空っては読経が出来ない！」

『遍路日記』

「地蔵寺」を出てから約五キロを一時間二十分、弥次喜多二人にとって初めての宿となる六番札所「安楽寺《あんらくじ》」（上板町）に辿り着いた。唐風の山門で一礼し、とにもかくにもお参りする。ご本尊は「薬師如来」、時刻は午後四時半。納経の刻限である五時に何とか間に合った。これで、今日の約十六キロの行程が無事に終了した。空腹を抱えながらのハイペースで、さすがに初日は疲れた。

札所八十八ケ所のうち、現在も宿坊を開いているのは十四ヶ所ほどだという。余裕があればフリーでも宿泊させてくれるらしいが、初めてのお遍路、念のために宿泊予定先にはすべてフクショウが予約を入れてくれていた。

ありがたいことに、安楽寺のお風呂はお大師さんが掘り当てたと伝わる温泉である。疲れて火照《ほて》った身体に嬉しいご褒美である。汗を流してから食堂に行き、それぞれの宿泊客の名前が書かれたテーブル席に座る。心尽くしの郷土料理を前に、みかんを食べただけのお腹がグウッーと鳴る。基本は精進料理のようであるが、野菜の天ぷらの中にエビも添えてくれている。疲れた身体に、ありがたい。脇の椀は、米が取れなかった頃からの地元の名物だという「そば米汁」である。そして、ここでもっとも大切なことを確認しなければならない。

「あのォ、すみません。ビール……ナンてお願いできるンでしょうか？」恐る恐る訊ねる。

「何本お持ちしましょう？」

「ヤッタァ！」弥次喜多二人は、ニンマリと顔を見合わせる。

「いや、宿坊でお酒がいただけるとは、ナンとありがたい」

まず、「初歩き」に乾杯する。

「カーッ、旨い！ナンて旨いんだ」空きっ腹にグンと響く。

お大師さんには大変申し訳ないが、この煩悩だけは如何とも断ち難く。次に、お銚子を二本お願いし、山菜のお浸しや煮物などをつまみにじっくりと味わう。ぬる燗が、喉から胃の腑へじんわり泌み渡るのがわかる。お腹は空いているものの、料理のひと口ひと口が愛おしく、ゆっくりと箸をつける。

「どちらからですか？」

「明日のご予定は？」

同宿のお遍路さんと世間話に興じる。それでも、「なぜお遍路を？」と訊くことだけは絶対に避けた。皆それぞれが、様々な思い、様々な背景を背負って八十八ケ所を回っている。軽はずみな言葉はかけられない。

最後に、残ったおかずと漬物でご飯をいただく。あまりに美味しくて、お代わりする。

七時のお勤めに参加してから部屋に戻った。

「歩いたねえ」

「あゝ、歩きましたねえ」

「チョビッとやるか?」私がリュックからスキットルと乾きもの少々、そしてコップを二つ取り出し、一つをフクショウに手渡す。

「オッ、やっぱり持ってきましたネ」

「ウン、持ってきましたよ。しかし、さすがにうどんだけの初日は参ったねえ」

「あゝ、ホントに参りましたよ」

そして、寝る準備をして夜具を敷き、寝っ転がりながら昔話をしているうちに、二人ともアッという間に〝寝落ち〟したらしく、その日は泥のように眠った。


《一っ杯めのために飲んでいるビールかな》（風天六十四歳）

「風天」と「変哲」

〔二十一日(日)　雨のち晴れ〕

朝、雨だれの音で目が覚める。

「今日は雨かあ」お勤めに参加したあと、朝ごはんを二杯半いただく。もちろん、普段、こんなに食べることはない。朝食が美味過ぎて困る。

「よく食うな」とフクショウ。

「山頭火は一日五合だってサ」

「……」

装束を整えて境内に出た。幸い、雨は止んだようである。雨上がりの朝の空気の匂いが清々《すがすが》しい。本堂と大師堂に手を合わせてから山門で一礼し、午前八時、さあ二日目の始まりである。

ややふくらはぎに違和感が残るが、マメも出来ていないようだ。しばらく歩いているうちに、昨日のペースが戻ってきた。

「フクショウ、足、大丈夫？」

「あゝ、まだナンとかネ」

6番札所安楽寺を出発

穀雨のあとの水を張った田んぼが美しい。

「おはようございます！」すれ違うランドセル姿の子どもたちが挨拶してくれる。

「おはよう！」思わず弥次喜多二人に笑顔がこぼれる。遍路道では、よく子どもたちや自転車に乗ったヘルメット姿の中学生たちまでが挨拶をしてくれる。この言葉に、どれほど元気をもらったことか。知らない人に話しかけないようにと教えられる昨今、これこそまさに「文化」である。


「いろいろの点で、よい町であった（行きちがう小学生がお辞儀する）」　『遍路日記』

そして、

《村の子がくれた林檎ひとつたびいそぐ》（風天六十三歳）


山田洋次監督がもっとも気に入っているという渥美さんの句の一つである。

渥美さんは、撮影が終わると、まるで「寅さん」のように一人でふらりと旅に出ていたという。のちに夫人は、俳優仲間であった小沢昭一氏に、

「……だけど、あの人がなくなったと思えないのです。いつものように、ふらっとどこかへ行っているようで……」（森英介『風天　渥美清のうた』大空出版）と語っている。

（渥美さん、カメラの回っていないところで、一体何を見て、そして何を感じていたんですか？）

《赤とんぼじっとしたまま明日どうする》（風天六十三歳）

七番札所「十楽寺《じゅうらくじ》」（阿波市）までは約十五分で着いた。竜宮城のような山門をくぐり、昨日の手順を思い出しながらお参りする。まず、納札を所定の箱に入れる。住所、名前は直前でまごつかないよう、昨夜のうちに書いておいた。だんだん要領がつかめてくる。蝋燭、線香担当の私とフクショウの呼吸もだいぶ合ってきたようだ。

「十楽寺」から八番札所「熊谷寺《くまだにじ》」（阿波市）までは車道が続く。「道しるべ」に沿って歩き、ときどきフクショウが「地図帳」を開いて確認する。

ほぼ一直線の道を、車に気をつけながら黙々と歩くこと一時間十分、八番札所「熊谷寺」の四国霊場最大ともいわれる仁王門が見えてくる。雨上がりの境内には緑の匂いが溢れ、葉桜が滴を落としている。雲間から陽が差してきた。

「熊谷寺」を出ると、やがて、田植えに備えて水を張った水田が広がる。田んぼの端には鳥居が立ち、レンギョウの黄

8番札所熊谷寺

色い花が風に揺れている。そこかしこに春の気配が溢れている。時間が止まったかような風景である。四国の風土の奥行きと、人々を引きつけて止まないお遍路の魅力の一つに触れたような気がする。

（「寅さん」も、ここを歩くかな？）

幻の『男はつらいよ』第四十九作が「お遍路」を題材に選んだ理由がよくわかる。

《山吹キイロひまわりキイロたくわんキイロで生きるたのしさ》（風天四十五歳）

約四十分で周囲を水田に囲まれた九番札所「法輪寺《ほうりんじ》」（阿波市）に到着する。

「法輪寺」を出ると、遍路道はやがて車道を離れて山道になる。草木に囲まれ、ホッとする。たとえ登り下りがあっても、行き交う車に気を遣う車道に比べ、山道の方がずっと気持ちが落ち着く。山登りの楽しさを思い出すということもあるが、なぜか脳内も活性化するような気がする。太古の昔、森で生活をしていた頃の記憶が遺伝子として連綿と受け継がれてきたようだ。

他愛ない会話を交わしながらもひたすら足元に意識を集中し、約五キロを一時間十分、十番札所「切幡寺《きりはたじ》」（阿波市）に到着した。堂々とした山門から先、三三三段の階段が約八〇〇メートル続く。豊臣秀頼が秀吉の菩提を弔うために建立したという国の重要文化財の大塔（移築）が聳える。眼下には吉野川が流れ、四国山脈が連なる。

次は、今日の最終目的地、十一番札所「藤井寺」である。民家や畑を横切りながら歩くこと約一時間、「石標」に沿って行くと、いきなり視界がパーっと開け、一面に広大な畑が広がった。サヤエンドウが風に揺れ、麦畑の向こうでひばりが賑やかに鳴いている。

《ひばり突き刺さるように麦のなか》（風天四十七歳）

そしてもう一句、

〈日本の春の堆肥のにほいかな〉（変哲）

これは、渥美さんの俳優仲間であり「句友」でもあった「変哲」こと小沢昭一氏の句である。怪優、名脇役として戦後数々の映画で活躍した小沢氏は、TBSラジオ『小沢昭一の小沢昭一的こころ』を四十年も続けた名物パーソナリティーでもあった。廃《すた》れゆく日本の放浪芸を探し求めて全国を旅するなど、その瑞々しい好奇心は晩年まで枯れることはなかった。その小沢氏は、第二十八作「寅次郎紙風船」で光枝（音無美紀子）の夫、テキヤ仲間の常三郎を演じている。一つ歳下の小沢氏は、言わば渥美さんの「戦友」であり、喜劇人に対する一流の「見巧《みごう》者《しゃ》」でもあった。

「渥美ちゃんの啖呵《たんか》、天下一品。あの人にかなう人はいませんよ」そう語り、一方で、

「うまい役者ですよ。〝脇〟に回ったときの渥美清に勝てる役者は一人もいない。寅さんは

〝主役〟だからね」

「(寅さんでは) 渥美さんの本領ってのは二分の一しか出ていない」

そして、渥美さんが尾崎放哉や山頭火を演じたがっていたことについては、

「寅次郎から逃げたかったンじゃないですか？　わかりませんがね……役者は大変なんですよ」とも語っている（前出『風天　渥美清のうた』）。

石原都知事時代、文化行政を担当していた私は、小沢昭一氏に「ヘブンアーティスト」という大道芸人の選定委員会の委員長を務めていただいたことがある。フリーターをしていた頃から、ラジオから流れる小沢氏の声にはずいぶん励まされ、癒されもしたものである。

「変哲」こと小沢昭一さんと

「ずっと、聴いてました！」初対面でいきなりそう切り出され、ポカンと私を見上げた顔が、今でも忘れられない。小沢氏は、想像していたとおりふんわりと風のような方であった。残念ながら、その翌年に訃報に接することになったが、娘が使っていたピアノの上には、今でもそのときのツーショットが大事に飾られている。

「それにしても広いなあ！　そしてナンか、懐かしい景色だなア」

弥次喜多がお互いに顔を見合わせて頷《うなず》き合う。ここは、「吉野川」とその支流に囲まれた日本最大の中州「善入寺島（粟島）」である。昔は、この大きな川中島には村が広がり、農業が盛んだったようであるが、度重なる洪水で苦難を重ね、結局、全村が北海道に移り住むことになった。今では立派な穀倉地帯になっているが、ところどころに休耕地も見受けられる。道沿いには、

〈お遍路さんいつまでもお元気で（大野島子ども会）〉

という手書きのプラカードが並んでいる。

「オイ、嬉しいねえ」感激屋のフクショウの目は、早くも潤んでいる。

子どもたちからパワーをもらい、畑の中を歩き続けることしばし、菜の花の向こうに「吉野川」の本流が現れた。「坂東太郎（利根川）」「筑紫次郎（筑後川）」と並ぶ日本の三大暴れ川、「四国三郎」の雄姿である。そしてその上を〃潜水橋〃の「川島橋」が真っすぐ横切っている。高知でいう、いわゆる〃沈下橋〃である。いよいよ四国の原風景の本丸が登場し、いやがうえにもテンションが上がる。一歩一歩渡りながら水面を見ると、鮎だろうか、透き通った水の底には無数の稚魚が揺らめいている。橋の中央まで進んで上流部を眺めると、キラキラと輝く川面の向こうに碧い山裾が続く。

（お遍路に来て良かった！）

弥次喜多はしばしたたずみ、この風景を互いの心に刻みつけた。向こう岸まで歩いて土手の上から改めて振り返り、この大河にかかる見事な〃潜水橋〃に別れを告げる。

子どもたちの手書きのプラカードに励まされて歩く

吉野川に架かる潜水橋「川島橋」を渡る

11番札所藤井寺

「このあたりは水郷である、吉野川の支流がゆるやかに流れ、蘆荻が見わたすかぎり風に靡いている、水に沿うて水を眺めながら歩いて行く」
『遍路日記』

約十キロの道を二時間四十分歩き、十一番札所「藤井寺《ふじいでら》」(吉野川市)に到着した。さすがにキツかった。時間はまだ四時半、五時の納経の刻限に間に合った。境内には、「寺号」の元にもなったお大師さんお手植えの藤が見事に咲き誇っている。昨日を上回る二十四キロを歩き、何とか二日間で目標の十一札所を回ることが出来た。

「藤井寺」から次の十二番札所「焼山寺」までは、「遍路転がし」の異名をとる険しい山道である。ガイドブックによると、約十三キロ、八時間の難コースらしい。この先、「遍路転がし」の名がつく札所がいくつかあるが、ここが最難関だともいう。しかも、そこから次の十三番札所「大日寺」までは、下りとはいえ約二十一キロ、六時間三十分の行程となる。いずれにしても、覚悟を決めて挑戦する必要がありそうだ。それよりも、はたして、再びここに戻って来られるのだろうか。

お参りを済ませ、予約しておいた「鴨島駅」近くのビジネスホテル「セントラルホテル鴨島」に向かう。ここは、その後「阿波踊り」の季節に再訪したときにも泊まることになる。しかし、線路脇には、人気のない民家や、もう閉めてしまったのか元旅館らしき古い建物が寂しく並んでいる。

「いよっ、お遍路かい？　ご苦労さん！」

欄干に肘を載せた「寅さん」が、ニッコリ笑いながら今にも声をかけてきそうだ。


《いく春や誰や名前呼ぶように》（風天六十五歳）


汗を流し、フロントで教えてもらった地鶏が名物という居酒屋に行く。

「旨い！」取りあえずの完歩を祝し、今日も生ビールのひと口目が身に沁みる。

「取り敢えず歩けたね、お疲れさん」とフクショウに言うと、

「ウン、すごく疲れたけど、やっぱり遍路道はいいねえ。来て良かった！」

地鶏を肴に今日一日を振り返り、大事に、大事に、徳島の二日目を味わった。


「じゃあ、お休み」

「あ〳〵。じゃあ、また明日な」ホテルに戻り、各々の部屋に別れる。

お互いにゆっくり寛げるビジネスホテルは快適ではあるが、少し物足りないような、寂しいような気もする。昨日のように、宿坊の一つ部屋で寝酒をチビリチビリやりながらの弥次喜多バカ話も捨て難い。それは、その後、民宿やビジネスホテルを交互に利用したときにも感じた、不思議な感覚である。

「阿波の着倒れ、土佐の食い倒れ、というそうな。阿波では飲食店、土佐では酒を売る店が多すぎる！」

『遍路日記』

渥美清さんのうしろ姿

〔二十二日(月) 晴れ〕

JR徳島線で「徳島駅」に向かう。フクショウいわく、「阿波踊りの編み笠が似合いそうな〃徳島美人〃？」がたくさん乗っている。列車がガタンと揺れた瞬間、よろけた病弱なフクショウが、思わず女子中学生の靴を踏んでしまった。

「あっ、ゴメンナサイッ！」大きなリュックを背負った、どっかのおじさんの語尾を上げた「ゴメンナサイッ」がよほど可笑しかったのか、踏まれた本人も周りの友だちにも大受けのようである。

「『ゴメンナサイッ』だって！」口を押さえて笑いを噛み殺している。途中で下車したホームでも、「『ゴメンナサイッ』やけん」とからかわれ、写真まで撮られる始末。本人も、「もう、知らん！」と照れながらも大笑いしている。箸が転んでも可笑《おか》しい年頃、弥次喜多はただただ苦笑するしかない。

「一体、ナニがあんなに可笑しいんだろうか。いやあ、青春だなァ！　徳島じゃあ、ああいうとき、ナンて言うんだ？」私が訊くと、

「えっ、わかンねえよォ。ゴメンナサイはゴメンナサイだよ。しかし、徳島の子はみんな純朴で可愛いなあ」嘘偽りのない弥次喜多の感想である。

駅を出て、「眉山《びざん》ロープウェイ」に向かう。途中のアーケード街は「シャッター通り」と化している。私が若い頃勤めていた「ビクターレコード」の看板が半分壊れ、〝ターレコード〟の文字がもの哀しい。

「眉山」から下りて、「阿波踊り会館」に寄る。残念ながら、毎日やっているという実演を見ることは出来なかったが、華やかな実際の「阿波踊り」の風景がビデオで流されている。なるほど、聞きしに勝る美しさと躍動感である。一度、本物を見てみたいものだ。

「オイ、フクショウ。そろそろ行くぞ」じっと身動きせずに見入るフクショウに声をかける。

「どうした？」

「……オレも、もし何事もなくずっと徳島に残ってたら、きっとああやって踊ってたんだろうなァ。地元で働いて、休みの日には畑やって、そしてさあ……」

心なしか、フクショウの目が潤んでいるように見える。一体、ふる里で何があったのだろうか。それがわかったのは、秋のお遍路であった。

余談ながら、その後、「阿波踊り」の季節に再び会館を訪れた際、台湾の若い女性観光客に

手を引かれて無理矢理ステージに上げられたフクショウの、長い手足をバタつかせた魔訶不思議な阿波踊りと、そして、少し照れたような、嬉しいような顔が今でも目に浮かぶ。

眉山から鳴門に向かい、「観潮船」で渦潮を体験したあと、彼が予約しておいてくれた鳴門公園のホテルで〝鯛づくし〟をいただくことにした。取り敢えず初回を歩き切ったご褒美というところか。「初お遍路」に乾杯し、窓から見える大鳴門橋をバックに、お刺身、塩焼き、煮付け、お吸い物……さすがに最後に鯛めしが出たときにはギブアップ。宿の人に謝ると、「皆さん、鯛めしはお持ち帰りになりますよ」

「早く言ってよ！」である。パックに詰めた鯛めしを土産に、羽田に戻った。

「イヤ、お互いがんばったナ。でも楽しかったよ。『焼山寺』がんばろうナ！」

そう言ってフクショウと握手して別れたが、次の挑戦は本当にあるのだろうか。

家へ帰り着き、一風呂浴びて軽く一杯やっていると、妻から訊かれた。

“ご褒美”の鯛づくし料理

「お遍路、どうだった？」

「あ〜疲れたよ、足がねえ。でも楽しかったな。ナンか『寅さん』が歩いたようなとこばっかりだったよ」

「フーン。そういえば私、小さい頃、渥美清さんに抱っこしてもらったことがあるらしいよ」

「えっ？」いつも『男はつらいよ』の再放送を観るたびに、「また観てンの？これで何回目？」と呆れられる私ではあるが、その話は初耳であった。

調べてみると、渥美さん主演の『泣いてたまるか』というテレビドラマが、一九六六年から放映されていた。早坂暁氏を始め、山田太一、橋田寿賀子など、当時の錚々《そうそう》たる新進気鋭の若手作家たちが脚本を手がけている。さっそく、思い当たるＤＶＤを借りて来ると、確かにそのうち何作かは、妻の実家がある横浜市青葉区（当時緑区）周辺が舞台となっていた。

〈♪上を向いたらキリがない、下を向いたらアトがない、さじを投げるはまだまだ早い〉

まだ三十代後半の渥美さんの伸びやかな、そしてペーソス溢れる声は、のちの『男はつらいよ』の主題歌そのままである。

ドラマには、まだ砂埃が舞う工事中の国道二四六号線や東急田園都市線の青葉台駅周辺が度々登場する。一九六四年生まれの妻であれば、十分考えられる話である。驚くことに、のちに脚本家となり、当時は俳優のマネ事のようなことをしていた私の兄井沢満も、少年院から逃げてきた少年Ｂのチョイ役で出ていたらしい。

一九六八年に放送された最終回「男はつらい」は山田洋次監督が脚本を手がけ、のちの諏訪博役の前田吟さんやタコ社長役の太宰久雄さんも出演している。このドラマが『男はつらいよ』に繋がったのは間違いない。「寅さん」を感じながら歩いた「へんろ旅」から帰ってすぐの思わぬ話の展開に、不思議な「縁《えにし》」を感じた。

因みに、四十一歳で結婚した渥美さんが目黒区の碑文谷に居を構えたということもわかった。プライバシーを覗かれることを極度に嫌った渥美さんが、野球帽を目深にかぶり、ジーパンにスニーカー姿で碑文谷公園を散策する姿を、何度か近所の人が見かけているという。私も、結婚してすぐ、目黒区鷹番の１Ｋの賃貸マンションに住み、よく女房と一緒に碑文谷公園を散歩したものである。

なぜか、いつも「寅さん」のあとを追いかけているような私。四国の碧い山々、清らかな川が脳裏に鮮やかに蘇った。

「きっと、次もお遍路に行くことになるだろうな」

そのとき、はっきりとそう確信した。

第2章

まぶたのふる里

後ろ姿のしぐれてゆくか

「遍路転がし」と喜劇役者渥美清の苦悩

「また歩くかい?」互いにそう確認し合うこともなく、次にフクショウと会ったときには、もう〝第二弾〟の行程案がすっかり出来上がっていた。

「よし、思い立ったら吉日、久しぶりの山登りだ!」

その年、秋も深まる二〇一三年の十一月八日から、いよいよ難所といわれる十二番札所「焼《しよう》山寺《さんじ》」に挑戦することにした。

私は、七月から新たに中小企業を支援する東京都中小企業振興公社という外郭団体の運営を任され、やはり土日を挟む二泊三日を確保するのが精一杯であった。都政では、就任して間もない猪瀬都知事が選挙資金問題で窮地に陥っているようであり、俗世はきわめてキナ臭い。

一方、フクショウの方は、長年苦労を重ねた会社経営の第一線から退き、これからは趣味に生きると張り切っていた。周囲に相当慰留されたようではあるが、一徹な彼は、一度言い出したことは貫く男だ。

〔十一月八日(金) 晴れ〕

「遍路転がし」の異名をとる山登りに備え、今回は、キャラバンシューズにポール二本を用意する。もっとも、このキャラバンシューズは山の登り下りには威力を発揮するものの、車道を歩くにはいささか不向きであることがわかった。ポールは短く畳んでリュックに突っ込んだのだが、羽田空港で長さを測られ、結局六十センチ以上あるということでリュックごと手荷物カウンターに預けられてしまった。到着しても、手荷物を受け取るまですぐに出発することが出来ない。なるほど、経験してみなければわからないものだ。

「おはよう。また歩くんだネ」

「ウン、がんばろう！」

前回の腹ペコ遍路に懲りたものの、やはり朝一番はうどんで壮行の乾杯と相成った。今回は、何とかなるだろう。

まだ半年しか経っていないというのに、なぜか懐かしい思いのする「徳島阿波踊り空港」に着いた。ここからは、時間を節約して前回のお遍路最終地、十一番札所「藤井寺」までタクシーを飛ばすことにしていた。フクショウの行程案には、〈約一時間、一万三千円位〉と書いてある。もったいないが、時間に余裕がない「区切り打ち」遍路としては致し方ない。

ところが、空港にはフクショウの従弟の小議武さんという方が迎えに来てくれていた。親切にも、「藤井寺」まで車で送ってくれるという。何とありがたい。フクショウの話では、若い頃はバイク好きでかなりのヤンチャだったらしいのだが、今では地元の有力企業に勤め、新工場立ち上げで東南アジアを走り回っているとのことであった。フクショウが私を武さんに紹介してくれる。悪ガキの面影は残るものの、純朴な徳島県人気質を感じさせる方であった。

「紹介するよ、イザワ。学生時代からの友だちじゃ」

「初めまして、イザワです。今日はわざわざありがとうございます！」

「いやあ、かまん、かまん。今日は休みやけん」

車に乗り込み、一路、十一番札所「藤井寺」を目指す。

「えっとぶり（久しぶり）じゃな。ハルユキも元気にしよったで？」

「お陰さまで。皆も変わらんナ？」

「皆、元気え。しかし、もの好きじゃな、わざわざお遍路とは」

「武は歩いて遍路したことあるんナ？」

「うんにゃ、あるわけないで。わしらは、ようせん。徳島はみな車じゃ」

「そういうもんナンだ」

「しかし、昔からの友だちいうて男二人でお遍路とは、ごっつい珍しいよな」

車窓の風景に視線を走らせていると、同じような葉を茂らせた畑が一面に広がっている。

「アレって、何が植わってるンですか？」

「えっ、なに？　あゝ、あれな。あれはレンコンじゃ。トォクシマは芋の鳴門金時だけじゃのうて、レンコンが有名じゃやけん」知らなかった。

車中、フクショウと武さんが思い出話に花を咲かしている間に、「藤井寺」に到着した。

武さんに丁重に礼を言い、半年前とはいえ、何とも懐かしい思いで山門をくぐる。春に藤の花が咲き誇っていた境内は紅葉に包まれ、枯れ葉が舞っている。本堂と太子堂に手を合わせ、二回目の「弥次喜多へんろ旅」の出発である。

「晴れてありがたかった、へんろの旅には何よりもお天気がありがたい」『遍路日記』

〈焼山寺みち〉と書かれた「石標」に従い、いきなり細い山道に入る。

千二百年前にお大師さんが歩いていた頃の風景が唯一色濃く残る遍路道だという。ここからアップダウンを繰り返しながら二つの峰を越え、標高七百メートルを超える焼山寺まで一気に登ることになる。約十三キロの山道、ガイドブックでは八時間の行程となっている。杉林の間からチラチラと秋の木漏れ陽が差し込む道を、一歩一歩登って行く。こうして緑の匂いに包まれていると、現役時代によく二人で山歩きをしていた頃の高揚感を思い出す。

「よい連れがあって雑木もみぢやひよ鳥や」『遍路日記』

作家の司馬遼太郎さんが、小学校六年生の国語読本用に書き下ろした一文がある。

〈おそらく、自然に対していばりかえっていた時代は二十一世紀が近づくにつれて終わっていくに違いない。人間は自分で生きているのではなく、大きな存在によって生かされている。こ

の自然へのすなおな態度こそ、二十一世紀への希望であり、君たちへの期待でもある〉
小学生に対してだけではなく、恐らく司馬さんは大人である私たちにこそ伝えたかった言葉なのだろう。私には、『空海の風景』を著した司馬さんのこの言葉の向こうに、お大師さんの姿が見えるような気がする。

登るにしたがって樹林は次第に幽玄の度を増していく。秋の日暮れは早い。何としてでも暗くなる前に「焼山寺」に辿り着かなければならない。落ち葉が敷き積り、歩くたびにガサッ、ガサッと音を立てる。
「枯れ葉がね、チャバチャバと手品師の花びらのように落ちてくるんだよ。それでオレはね、ひとり静かに歩いていって、バッタリと倒れるんだ。そうするとね、枯葉がどんどん落ちてきて、オレはやがて枯葉に包まれて、かくれんぼしてるみたいに見えなくなってしまう。そうやってオレは、どこの誰だかわからないように死んで行くんだよ」
渥美さんの言葉を改めて思い出す。

《いまの雨が落としたもみじ踏んで行く》（風天四十五歳）

「旅で果てることもほんに秋空」『遍路日記』

「だんだん寅に追いつかなくなっちゃったなあ」

晩年、そう語っていたという渥美さん。マンネリを指摘されながらも、「スタッフの生活もあるから」と「寅さん」を演じ続けた。ＮＨＫのドキュメンタリー番組で「寅さん」以外の役をやりたくないかと訊かれ、「くたびれちゃう……」と答えている。言葉の意味は深い。終生、「寅さん」であることを強いられ、結果として受け入れざるを得なかった渥美さんの諦観。戦後、「入れ墨だけは入れるな」と母親に言われたという謎の闇市時代を経て浅草軽演劇で頭角を現した渥美さんは、さあこれからという二十六歳のときに結核で片方の肺を失い、二年間の療養生活を余儀なくされている。この誰よりも人を気遣う天才喜劇役者が、ふとした瞬間、決して他人が近づくことの出来ない、暗く鋭い目つきをすることがあったと親しい人々が語っている。

超一流の喜劇役者というのは、軽妙な演技の奥にシーンと静まり返った「心の澱《よどみ》」のようなものを抱えているのかも知れない。

渥美さんの敬愛する、往年の『社長シリーズ』で絶妙なコンビを組んだ森繁久彌と三木のり平。森繁久彌は、若い頃地獄を経験している。満州でソ連兵に銃を突きつけられ、現地での惨劇から逃れるように辿り着いた徳島では昭和南海地震による大津波の直撃を受け、筆舌に尽くしがたい惨状を目の当たりにしている。それでいてあの〝軽み〟。その森繁久彌が、その当時逆風に晒されていた渥美さんにこんな言葉を寄せている。

「それにしても清よ！　俺がここまで来て思うことは、何と人生は短いものだ―と言うことだ。

一切下らぬ骨折り損はよせ。ウエンな道には自由がない。良い声も悪い声も共に聞くな。己れを大事にして、アッという間に過ぎる、お前さんの〝時〟を十分に満喫してくれ。……俺たちは芸商の奴隷ではないのだ。分かっているな。清よ、がんばれ」（小林信彦『おかしな男渥美清』新潮社）

このとき、森繁久彌まだ五十歳。苦労人である。そして、抱腹絶倒の宴会部長こと三木のり平は、晩年、自ら『社長シリーズ』について語ることはなかった。

そして、同じく渥美さんが高く評価し、ライバルでもあった植木等も、自身とあまりにかけ離れたキャラクターを演じるつらさを住職であり人権活動家でもあった父植木徹誠《うえきてつじょう》氏に打ち明けている。そしてのちに、

「僕自身はね、東宝のシリーズが終わりと言われたときは、正直言ってホッとしたの。もう、あのテの映画に出なくていいんだって」と語っている。が、熱望して実現した僧侶役のシリアスな主演作品『本日ただいま誕生』は、残念ながら短期間上映されただけで、その後三十五年間もフィルムが行方不明となる「幻の一作」となってしまった。皮肉なものである。

「役者は常に崖っぷちを歩いてんだよ。どこかで野垂れ死ぬのが当たり前」

そう語っていたという渥美さんは、憧れている役者について訊かれ、お互いに才能を認め合っていた藤山寛美も含めて、こう語っている。

「藤山寛美、しみじみ泣かせてくれるからねえ。三木のり平、単純に笑わせてくれるからねえ。森繁久彌、うんと酔わせてくれるからねえ」

《蓑虫こともなげにいきているふう》（風天四十六歳）

標高差四百メートルの掘り割りの登山道を、「長戸庵」まで一気に約二時間弱で登り切る。リュックがグイグイ肩に食い込み、秋とはいえドッと汗が噴き出す。見通しの良い峠に〈風景発心の地〉と書かれたベンチがあった。山登りのときと同じように、リュックを下ろさずに一息入れる。一度下ろしてしまうと、再び担いで歩き始めるときの負荷が大きくなる。山裾から心地いい風が吹き上げ、遠くに吉野川が見える。気がつけば、麓からかなり登って来たようだ。呼吸を整え、再びススキが揺れる尾根道を歩き始める。標高五四〇メートル地点を過ぎると、今度は下りになる。

「柳水庵」の仏堂前でやっとリュックを下ろし、コンビニ弁当を広げる。予定より順調のようである。ニヤリと笑って、リュックから〝気つけ薬〟の入ったスキットルを取り出すと、いつものコンビネーションでフクショウが魚肉ソーセージを差し出す。

「ウン、コレコレ！」　〝気つけ薬〟が、カッと身体を熱くする。

「一杯ひっかける、つかれがうすらいだ、山路になる、雑木山の今日この頃は美しい」

『遍路日記』

長戸庵への峠でやっとひと休み

左右内の一本杉と大師像

「よし、行こう！」そこからまた登りが始まり、「浄蓮庵」を目指す。登ったり下ったり、さすがに息が上がる。すると突然、目の前に何本にも枝分かれした杉の巨木、通称「左右内《そうち》の一本杉」が現れた。そしてその前に、木漏れ陽を浴びた大師像が卒然と立つ。思わず手を合わせる。

ピークから今度は一気に下りになる。山登りでは、必死に登ったあとの下りはつらい。次第に、膝が笑ってくる。いきなり、目の前に竹に吊るされた毛皮が現れ、一瞬ドキリとする。イノシシだろうか。前方に清流が見え、「左右内《そうち》集落」に出る。ここからまた最後の急登である。二度下ったあとの山登り、これはキツかった。

そして、「藤井寺」を出てから五時間、やっと十二番札所「焼山寺《しょうさんじ》」（神山町）に到着である。ここで標高は七〇五メートル。階段を登って古い山門をくぐると、境内にはしんとした霊気が漂う。欄干越しに今通ってきた方向を振り返ると、秋の陽が傾き始め、黄色や赤の原色に染まった紅葉が山裾に広がっている。秋の山の夕暮れは早い。

時間はまだ午後四時。納経の刻限までに到着するのは初めから諦めていたのだが、十分間に合った。予定行程八時間を五時間で歩いたことになる。

「いやあ、オレたち、まだまだいけるなァ！」弥次喜多二人は得意満面であった。

が、この無理が後々たたり、特にフクショウは足腰に大きなダメージを受けることになるのであるが、調子に乗った二人は、もちろんそんなことを知る由もない。本堂、大師堂をお参りして、宿坊に案内を請う。

ご住職は山を下りて不在らしく、奥さんお一人であった。宿泊客は、我々と年配の女性二人の二組だけ。部屋はたくさんありそうだが、配膳の都合だろう、ふすま一枚を隔てた隣同士の部屋に案内された。荷を解き、汗を流したあとのこの日のビールのひと口目は格別であった。

「ヒャー、今日は最高に旨いなァ！」とフクショウ。

「今日も、だろ。しかし、実際、旨いよなあ。『苦しみは喜びの深さを知るためにある』って、本当だな」

「ナニそれ？」

「チベットの諺《ことわざ》」

「それ、こういうときに使うのかい？」

「知らない。まあ、イイじゃない」

予定時間を大幅に短縮して登って来ただけに、二人ともやけにテンションが高い。山菜、卵焼き、お浸し、なすの味噌炒め、大根なます……宿坊心尽くしの精進料理を前にし、今日も大

焼山寺宿坊で「ああ、旨い！」

事に箸を付ける。日頃の飽食を反省しつつ、一品一品《ひとしなひとしな》が実に愛おしく感じられる。ビール二本がアッという間に空になり、次にお酒をお願いする。昔よく見かけた、極薄のお猪口の口当たりが微妙に味わい深い。外はもう漆黒の闇の中である。山上のお酒をじっくりと味わいつつ、一合徳利四本が並んだ。最後に漬物とお吸い物でご飯をいただき、その日は寝酒を愉しむ元気もなく、八時に倒れ込むように床に入った。

「静かだなあ！」

「あゝ、静かだなあ」疲れ過ぎたのか、夜中の二時頃に一度目が覚めたあとは、何だか朝までウトウトしていたような気がする。フクショウのイビキがうるさい。

「明日は明日の風が吹こう、今日は今日の風に任せる、……好日好事だった、ありがたしありがたし」

『遍路日記』

やっと辿り着いた寺で一悶着

〔九日（土）　晴れ〕

　朝、境内に出て思い切り深呼吸をする。秋の山頂の凛《りん》と引き締まった空気に包まれ、グッと身が引き締まる。山の稜線は朝靄《あさもや》に包まれているが、今日も天気は良さそうだ。ひとしきり身体を動かしてから部屋に戻る。

「お隣さん、もう出発したようだネ。ずいぶん早いな」

「ナニ言ってんだよ。きのうはイザワの爆音みたいなイビキがうるさくて寝られなかったよ。お隣さん、イザワがふすま側に寝てたモンだからきっと一睡も出来なかったと思うよ。恐らく、夜が明けてから這《ほ》う這《ほ》うの体で寺を逃げ出したンだよ。気の毒に、今日一日寝不足でつらいだろうなァ」

「……」

　　　　「今朝、同室のお遍路さん二人出立、西へ東へ、御機嫌よう、ご縁があったらまた逢いましょう」　　　　　　　　　　　　　　『遍路日記』

焼山寺を出発

遍路道

お遍路さんを見送る案山子たち（神山町）

朝食後、住職夫人の笑顔に見送られて「焼山寺」をあとにする。昨日は夕陽に染まっていた紅葉が今朝は朝陽を浴び、一段と色合いを増している。

次は、十三番札所「大日寺」。四番札所と同じ名前であるが、八十八ケ所にはいくつか同じ名前のお寺がある。ここから約二十一キロ、七時間近くの下りとなる。しかし、昨日は最短時間で登って来ただけに、下りの道を舐めてかかっていた。実際に下り始めると、下っても下っても遍路道が延々と続く。若い頃なら飛び跳ねるように下りて行くところだが、無論、無理は禁物。〈登りは体力、下りは技術〉の「山登りの鉄則」を反芻しながら、一歩一歩慎重に歩を進める。山道には枯れ葉が幾層にも積み重なり、気を抜くと滑って転びそうだ。昨日の登りの無理がたたり、次第に膝が笑ってくる。フクショウも、かなりつらそうである。

「大丈夫か？」

「大丈夫じゃない！」三時間ほど下ったであろうか、〈へんろ道〉と書かれた「石標」を過ぎ、神山町のユニークな等身大の案山子たちに見送られ、アユの稚魚が気持ち良さそうに泳ぐ鮎喰川《あぐいがわ》の清流に架けられた小さな一枚板の〝潜水橋〟を渡る。

〈秋風やこの橋俺と同い年〉

「変哲」こと小沢昭一氏の句を思い出す。

「遍路みちはあまり人通りがないと見えて落ち葉がふかい、桜の老木が枯れて立っている、椋の大樹がそそり立っている」

『遍路日記』

やっと県道二十一号線に出たが、しんどいのはむしろここからであった。

鮎喰川沿いの道路は砂利を積載したダンプが容赦なく真横を通り過ぎ、ブワーッという風圧で恐怖さえ感じる。行けども、行けども、道は延々と続く。キャラバンシューズを履いた脚が、次第にコンクリートの道に悲鳴を上げてくる。もうそろそろだろうと思ってカーブを曲がると、またその先のカーブまで延々と道が続いている。ひたすら足元を見つめながら歩く山道より、これは精神的にキツイ。三時間ほど歩いたところで食堂を見つけ、トンカツ定食でエネルギーを補充する。

そして、そこからさらに歩くことしばし、やっと十三番札所「大日寺《だいにちじ》」（徳島市）の案内板を見つけた。ホッとして道路を横切り、お参りを済ませたあと納経所の入り口をガラリと開けた。そのときである。疲労困憊の二人は、これまでと同じように「お疲れさま！」の声を期待した。ところが、納経所のご婦人から思わぬ一言が発せられた。

「早く閉めて！」

慌てて戸を閉める。すると今度は、「納経帳！」

早く出せと催促する。急いで頭陀袋から納経帳を取り出しながら、さすがの弥次喜多も唖然として顔を見合わせる。記帳は必ずしも僧職の方だけではなく、ご家族やパートさんが行う場合もあるのだろうが、ここで一気にドッと疲れが出た。

この話には後日談がある。やっと辿り着いたお遍路さんが我々のように不快な思いをすることがないよう、後日、葉書でご住職に注意を申し上げた。すると、今後の教育を約束したうえで、上京した折にぜひ直接謝りたいという返事が届いた。無論、それには及ばない旨と丁重なお手紙に対する感謝をお伝えしたのであるが、手紙とともに、ご住職の著作が同封されていた。

著作によると、ご住職はキム・ミヨウソンという韓国出身の女性で、著名な韓国舞踊の踊り子だった方だという。十八歳年上の前住職と大恋愛の末に国際結婚したものの、突然ご逝去。あとを継いだ彼女は、八十八ケ所唯一の外国籍の住職として偏見や差別を乗り越え、長男が寺を継ぐまで必死にがんばっているのだという。

弥次喜多へんろ旅にも、様々な出会いがあるものだ。

眉山を遠くに眺めながら、真っ赤に熟した柿やコスモスに囲まれた遍路道を辿り、十四番札所「常楽寺《じょうらくじ》」（徳島市）、そして十五番札所「国分寺《こくぶんじ》」（徳島市）を回る。

さらに、そこから十六番札所「観音寺《かんおんじ》」（徳島市）を目指したものの、途中で「道しるべ」を見失ってしまった。頭を寄せ合って「地図帳」を確認していると、自転車に乗った中学生ぐらいの男の子が携帯を耳に当てながらスーッと横を通り過ぎて行った。そして、突然立ち止まると我々を振り返り、

「どこ行くン？」と訊く。

15番札所国分寺

「いや、『観音寺』を探しているンだけど」

「そんなら、ここを左に曲がって道なりに行って、大通りをまた左や」

「あゝなるほど。わざわざどうもありがとう」頭を下げると、彼はまた携帯を手に走り去った。フクショウと顔を見合わせる。

「徳島の子どもたちはナンて素直で優しいんだろう」フクショウの顔にも笑顔が浮かぶ。すれ違う子どもたちの、「おはようございます」「こんにちは」にパワーをもらってきた弥次喜多二人。今日もまた笑顔と元気をもらった。

出来れば、今日中に十七番札所「井戸寺」まで回りたかったのだが、二人とも「焼山寺」の下りで体力を使い果たし、次の十六番札所「観音寺」をお参りしたあと、徳島駅に向かった。

「しかし、さすがに今日も疲れたナ。ところでサ、前から気になってたンだけど、徳島線のどこにも架線が見当たらないような気がするンだけど」

「徳島に〝電車〟は走ってないよ！」

「………」

その日は、近くで予定があったので、駅中にある「ＪＲホテルクレメント」にチェックインした。

『遍路日記』

「風で笠を吹きとばされ、眼鏡もとんでしまって閉口していたら、通りがかりの小学生が拾ってくれた、ありがとう」

団らんの夜

予定とは、「藤井寺」まで送ってくれた小礒武さん夫妻や娘の裕子さんを始め、武さんの姉である大北美重子、芳正夫妻など、フクショウの親戚一同が集まってくれたのだ。場が和むと、初対面の私にまでまるで昔からの知り合いのように親しく接してくれる。徳島県人特有の純朴さとともに、江戸の昔から厳しく地道な日常を送りながら、年に一度の「阿波踊り」にすべてをぶつけてきた、その秘めたエネルギーをさえ感じる。そしてみなさんが、フクショウに対して、親しみとともに、ある種畏敬の念さえ抱いているような気がした。

「学生時代からの友だちいうことは、もう四十年以上になるな。ホンで喧嘩もせんでお遍路続けるちゃあ、えらいもんじゃや。イザワさん、トォクシマはどうな？」武さんが訊く。

「こうやってお遍路で歩いてみると、自然はもちろんですけど、ナンか文化を感じますね。私は九州の大分出身ですけど、また、趣が違うもンです」

「ほうな、四国と九州は違うんかいな。昔から〝讃岐男〟に〝阿波女〟言うてな。ほんで続けて、〝伊予の学者〟に〝高知の鬼侍〟言うんよ」

「嫁にすんなら働きもんの〝阿波女〟がイイ言う話よ。男はイマイチやけん」

「ワッハッハッハ」姉の美重子さんの混ぜ返しに、男どもは頭をかくしかない。

フクショウの親戚の皆さんと

こうして親戚のみなさんの温かい会話に囲まれていると、標準語を使っている自分が実にもどかしい。

「それにしてもよ、ハルユキはホンマようがんばったでなあ。一家で〃夜逃げ同然〃に東京まで出て行ってよ。ホンで大学出て、IT会社の社長さんにまで出世したんじゃから。大したもんじゃ」

「ホンになあ。亡くなった親父さんもお袋さんも、ごっつう苦労したろう」

「そこよ。小さい子ども四人も抱えてよ、何の身寄りもない東京に出て行ったんじゃから、そりゃあ大変じゃったえ。心細うて、つらかったじゃろうなあ」

私が初めて聴く話ばかりであった。そして、このときハタと気がついた。それは、フクショウがカラオケで夫婦の切ない情愛を綴った『二輪草』を歌うたびに号泣する理由である。てっきり私は、何て奥さん思いなんだろうと（無論、それに違いはないのだが）、やや鼻白む思いで聴いていたのだが、それは、苦労して自分たち兄弟を育て上げてくれた両親に対する〃感謝の涙〃だったのだ。

この日は、みなさんのご厚意に甘えてご馳走になることにし、お遍路が無事「結願《けちがん》」の暁にはまた「阿波踊り」で再会することを約束して、愛すべき方々と別れた。

「ずいぶん苦労したんだなア」　薄々は想像していたものの、ホテルに戻って翌日の打ち合わせをしながらフクショウに呟いた。

彼の話によると、父親の事業が失敗し、〝夜逃げ同然〟どころか、幼いフクショウは荷物と一緒にリヤカーに乗せられ、暗闇に紛れて一家で〝逐電〟したのであった。

「明日は井戸寺をお参りするだけだろ？　飛行機の出発時間まで時間があるから、もしイヤじゃなかったら予定を変更してサ、井戸寺をお参りする前にフクショウが生まれ育ったあたりを歩いてみないか？」

「えっ、いいの？」

「ああ！」

涙のリヤカー街道

〔十日（日）　晴れ時々曇り〕
リュックをコインロッカーに預けてから、ＪＲ徳島線に乗った。沿線には工場が多いのか、列車には買い物帰りらしい東南アジア系の若者がたくさん乗っていた。「府中《こう》」という駅で降り、フクショウの生家跡へ向かう。

「どう、面影ある？」

「ウン、ナンか昔のままのような気がする」

田んぼの間に民家がポツポツと並び、その向こうに山裾が広がる。

「懐かしいなあ。あの山を毎日眺めながら育ったんだよ！」

黙って後ろからついて行くと、突然、フクショウが立ち止まった。

「これ、親父の工場だ！」

驚くことに、昔、彼の父親が何人もの従業員を雇って手広く商いをしていたという「軍手工場」が、ポツンとそのまま田んぼの脇に朽ちていた。一体、フクショウの一家に何があったのだろうか。

生家もそのまま残っており、いつもは明るいフクショウが、当時のことを思い出そうとするかのようにその前でしばしたたずんでいた。声をかけず、しばらく黙って一緒に眺めていた。

近くの田んぼの中には、先祖代々の墓石もそのまま残っていた。その先には、彼が幼い頃よく遊んでいたという小さな神社があった。柿の実が赤く実っている。

「ここで毎年秋祭りがあったんだよ。小さい頃、よく太鼓に跨って叩いてさァ。あの頃が一番

秋祭りがあった神社で

楽しかったなあ」声を詰まらせる。そうだと思う。

往時を懐かしむように神社を一回りするフクショウを促し、畦道へ戻った。

「しぐれてぬれてまつかな柿もろた」『遍路日記』

《お祭りで朝から太鼓で下駄新しく》（風天四十五歳）

田んぼの間を真っ直ぐ伸びる一本の道に出た。

「ここだよ！」

この道を、夜中に長男のフクショウを筆頭に幼い子どもたちがリヤカーに乗せられ、両親がそれを押したり引いたりしながら〝夜逃げ〟したのだと言う。そのときのフクショウ兄弟の心細さ、友だちと別れる寂しさ、そして、子ども四人を抱えてこの先の生活を考えなければならない両親の不安は、如何ほどであっただろうか。察するに余りある。

フクショウの胸中を推し量りながら、黙って後ろからついて行く。晴れていた空が急に曇り、ポツポツと雨が降ってきた。彼の白装束の後ろに書かれた〈南無大師遍照金剛〉と頭陀袋の〈同行二人〉の文字が濡れていく。顔は見えないが、黙って歩く彼の目にも雨粒が流れているか。

「イザワ、ありがとナ」

「ナンノナンノ。しかし、すべて昔のまま残ってるとはなァ。さて、井戸寺までがんばるか」

「あゝ、行こう！」

つくづく、フクショウが思い出を辿ることが出来て良かったと思った。どんより曇っていた空からサーッと一筋光芒が降りてきた。一旦取り出した傘を、またリュックに戻す。


「ついてくる犬よおまへも宿なしか」『遍路日記』

《秋の野犬ぽつんと日暮れて》（風天四十六歳）


遍路道に戻るために「道しるべ」を探してウロウロしていると、お店から出て来たお婆さんが真っすぐ我々の方に近づいて来る。そして、

「アメちゃん！」と言いつつ買い物かごから飴玉を取り出し、数個ずつ握らせてくれた。

「いや、こんなにたくさん、申し訳ない」

「かまへんかまへん。いつもようけ買うてるで、〃お接待〃。ご苦労様」

「いやあ、では遠慮なくいただきます。どうもありがとうございます」納札をお渡しし、深々と頭を下げる。

「お婆さんまで大事な飴玉を。涙が出るほどありがたいよ。〃お接待〃文化って、奥が深くて温かいよなあ！」

〃お接待〃は、自分の代わりにお大師さんをお参りしてくれるお遍路さんに対する心遣いだというが、お大師さんに対する敬愛の気持ちと文化が一二〇〇年経った今でも脈々と受け継がれていることに驚かされる。これこそ〃奇跡〃のような話である。

「ご苦労様です！」お遍路姿で歩く弥次喜多二人は、これまでも、そしてこれからも、このひと言でパワーをもらうことになる。

天気はすっかり回復し、青空が広がる。途中、軽装の女性のお遍路さんに追い越されながら〃お接待〃の飴玉を一つ口に放り込み、重いリュックを背負いつつも気持ちは軽く、真っすぐ歩いて行く。

「路傍の家のおばあさんからふかし薯をたくさん頂戴した、さっそく朝食として半分、またの半分は昼食として、うまかった、うれしかった」

『遍路日記』

「焼山寺」の〃山下り〃の疲れが残る中、帰りのフライト時間を気にしながら畑を抜け、水路を横切り、最後の力を振り絞って十七番札所「井戸寺《いどじ》」（徳島市）に到着した。お参りを済ませてから改めて境内を見回すと、地元の主婦たちが手作りの小物を〃お接待〃で配っている。声をかけられ、私はありがたくティッシュケースをいただいた。そして、お遍路第二弾の記念にと思い、

「あのオ、大変申し訳ないンですが、ちょっと写真をお願い出来ますか？」

井戸寺で出会ったおばさまたちの素敵な笑顔

とカメラを取り出した。すると、

「えっ、写真な？　めんどらしい（恥ずかしい）。ちょっとみんな、写真え！」

（いえ、そうじゃなくて……）困惑する私をよそに、おばさまたち五人が勢ぞろいし、ニコヤカな笑顔をこちらに向ける。仕方なく、フクショウと苦笑しつつ、渡す当てのない写真を一枚撮った。

色々なことがあった二回目のお遍路。空港でフクショウと交わす打ち上げの乾杯も、お互いに様々な思いが交差する。

「今回はありがとな！」珍しくフクショウが礼を言う。

「いや、ナニ。でも、思い出拾えて良かったな」

「ウン……またァ、オレをあンまり泣かすなよ」フクショウの泣き笑いの顔が可笑しくて、思わず噴き出す。

「相変らずだなあ。帰ったら、またカラオケ行くか。『二輪草』、じっくり聴かせてくれよ。そンでさァ、来年はいつにしようか？」

恐らく、「弥次喜多へんろ旅」は、来年も間違いなく続くことになるだろう。

第3章

雨と涙の般若心経

大きく蛇行して流れる那賀川

お接待と『♪ミミズの歌』

お遍路をしている間も、世の中の動きは目まぐるしい。石原都知事のあとを受けて就任した猪瀬都知事は、私が石原都知事の秘書をしていたときから副知事として都庁内に睨みを利かせていたのだが、選挙資金問題で辞任し、都知事は舛添要一氏に代わっていた。僅か一年強の任期であった。

相変らず長期の休暇を取ることは難しかったが、翌二〇一四年の四月二十六日からの三泊四日で、一気に徳島県を回ってしまおうということになった。

今回は、私も八重洲ブックセンターで「歩き遍路のバイブル」である例の「地図帳」を入手した。いつも喜多さんことフクショウに頼ってばかりでは申し訳ない。それに、先々の難ルートを考えれば、二人で地図を睨んだ方が良さそうだ。

〔四月二十六日(土)　晴れ〕

いよいよ徳島も今回がラストかも知れないと思うと妙に神経が高ぶり、朝三時前に目が覚めてしまった。もう一度リュックの中を確認し、羽田空港へ向かう。

ところが、空港で待ち合わせたフクショウは片足を引きずっていた。「焼山寺」の登り下りでダメージを受けた足腰は何とか回復したものの、今度は何と、お遍路再開に備えたウォーキングで足を捻挫したのである。

「それにしても、ナンたること！」

呆れた私は、「今回は全く自信がない」と弱音を吐くフクショウを無理やり引っ張り出したのだ。それにしても、「坐骨神経痛」に「痔」に「捻挫」の三重苦。いやはや、正直なところ、今回だけは介護担当の弥次郎兵衛としては不安だらけであった。それでも、徳島だけは何としても歩き終えたかった。

「で、捻挫の具合はどうなの？」

「やっぱりダメ！　行けるとこまでがんばってみるけど、もし途中でダメになったら、そこから先はイザワ一人で回ってくれよ」

「わかったわかった。でもまあ、そう心細いこと言うなよ。途中で車椅子借りてでもナンとか連れてってやるよ。しかし、病弱なフクショウが今度は捻挫か。しんどいことだなあ！」

もちろん、正直なところ、私一人でお遍路することなどまったく考えていなかった。たとえ凸凹コンビであっても、やはり弥次喜多二人揃っての「へんろ旅」である。

恒例によって軽く乾杯を交わし、

「とにかく、やれるだけやってみようぜ！」と飛行機に乗り込む。今回も険しい山道が予想され、キャラバンシューズとポールは必須と判断した。フクショウの足が心配ではあったが。

「徳島阿波おどり空港」も、三回目ともなるとふる里に帰ってきたような気がするから不思議なものだ。空港から家段さんというかなりご高齢の方の個人タクシーに乗り、前回の最終地点十七番札所「井戸寺」へ向かう。

「お客さん、お遍路ですか？」

「えゝ『区切り打ち』で三回目です。今回でナンとか徳島を回ってしまいたいんですけどネ。

「お陰さまで。女房は『もう引退したら？』って言うんですが、まだまだ働けるうちはねえ」

運転手さん、もう長いんですか？」

「そりゃそうですよ。これからもぜひがんばってください。でも、運転とお身体には十分気をつけて！」

「ありがとうございます。お客さんたちも、最後まで無事のお遍路を！」

井戸寺の門前まで二〇一〇円であったが、端数の十円は受け取ってもらえなかった。今回も、徳島の人々の温かさに触れる旅になりそうである。またご縁があればと念のために名刺をいただいたのだが、もらっておいて良かった。

井戸寺の山門をくぐると、わずか半年前に訪れただけなのにツーンと懐かしい思いがする。静まり返った境内には、当然のことながら例のおばさまたちの姿はなく、何やら寂しい。本堂と大師堂に手を合わせてから納経所に寄り、

「もしお会いする機会があったら、皆さんに渡してください」と五人の素敵な笑顔が並ぶ写真

を人数分預け、十八番札所「恩山寺」を目指して出発する。

ここから約二十キロ、五時間の行程である。一番札所「霊山寺」で出会ったベテランのお遍路さんに、

「せっかく身体が馴染んだ頃また振り出しに戻るのは、しんどいと思いますよ」と言われたが、日程に制約のある「区切り打ち」としては、また一から身体を慣らしていくしかない。眉山をグルリと遠巻きにしながら歩いて行くと、市街地に近いにもかかわらず、相変わらず廃屋が散見される。一方で、「長屋門」の向こうに松の木を見事に刈り込んだ旧家も多い。この差はいったい何なのだろう。そして、都市部と比べた「豊かさ」の質の違い。遍路道を歩いていると、つくづく色々なことを考えさせられる。

しばらく歩くと、大きな自動販売機が目に入った。よく見ると、何とビールの大びんや焼酎の五合瓶がそのまま入っている。お金を入れると、ゴトンッと出てくるのだろうか。確かに、徳島の遍路道で「酒屋」を見かけることはほとんどなかったような気がする。その代わり、「床屋」や「学生服」を売っている店をち

大びんのビールまである自動販売機

ょくちょく見かける。狭い住宅街を抜けて行くと、大きな看板にペンキで「バラエティーショップ」と書いた店があった。外から覗くとふつうの雑貨屋さんのようであるが、ここでも学生服を売っていた。遍路道に興味は尽きない。

「たばこ屋」が昔懐かしい風情のまま残っていた。さすがにタバコそのものは販売機で売っているようであるが、店の中を覗くと、〝看板娘〟ならぬ〝看板婆さん〟が座っている。そのたたずまいに惹かれ、店でみかんを買ってから近くの水路の脇に腰を下ろした。

「今日はゆっくり行こうや！」

靴を脱いでノンビリと

昨年秋の強行軍を反省し、捻挫したフクショウの足も心配して今回は少し行程に余裕を持たせ、出来るだけ道中を楽しむことにした。春の陽に水路の水面《みなも》が煌《きら》めき、鴨がゆったりと泳ぐ。岸の向こうには、見事な藤の花が垂れ下がっている。秋の風情も捨てがたいが、やはり水温む春はいい。東京での慌ただしい日常を忘れ、二人とも靴を脱いでノンビリと寛《くつろ》ぐ。

「ちょっと待ってて！」私が販売機で缶ビールを買ってくると、さすがにフクショウの目が丸くなる。

「これから二十キロ歩くんだよ！」

「イヤならいいよ、別に無理にとは言わない。オレが飲むから」

「イヤなンて言ってないよ」

「しかし、気持ちいいなあ。贅沢な時間じゃないか」

ポカポカと春の暖かい陽射しの中で、よく冷えた缶ビールをひと口グビッと飲む。

「ンー、旨い！」先ほどから、向こう岸で青サギがまるで彫刻のようにじっと立ったまま動かない。時間が止まったかのような至福のひとときである。以前、テレビで視たライン川の渡し舟の船頭さんの言葉を思い出す。向こうに橋が架かっているのに、わざわざ舟を利用する人がいるのかと訊かれ、

「時間のない人は橋を渡り、人生を楽しむ人は舟で渡るのさ。天気や流れは毎日違う。飽きないね！」

「さて、そろそろ行こうか」靴を履き、腰を上げる。

鮎喰川《あぐいがわ》を渡り、車道をひたすら歩く。初《しょ》っ端《ぱな》から少しゆっくりし過ぎたようで、次第に歩くスピードが速くなる。ビールが効いて来たのか、お互いに足元を見つめながらひたすら前に進むだけで、会話も少なくなっていく。

「ふう、さすがに遠いなあ！」私が溜息をつくと、

「♪夕べミミズの鳴く声聞いた、あーれはオケラだオケラだよ」

突然、フクショウが歌い出した。

「……ナンじゃ、ソレ？」

「えっ、知らないの？　小さい頃テレビでよく流れてじゃない、福助足袋のＣＭソング。確か
『どなたになにを』とか言ってたかナァ」

「知らねえよ、そんな変な歌。聴いたこともない」

「有名じゃないか。関西と四国だけかなあ？　九州じゃ、やってなかったのか」

「どうでもいいけど、ナンか力が抜けそうな歌だなァ」

〈♪夕べミミズの鳴く声聞いた、あーれはオケラだオケラだよ、オーケラなぜ鳴くあんよが寒い、たーびがないから鳴くんだよ、オーケラーにあげよか福助足袋を、こはぜが光るよちょっとごらん〉

　それでも、この歌のお陰で、またたわいない会話が復活した。それから三時間ほど歩いただろうか、我々の横を一度通り過ぎた軽トラックが、しばらくするとまたこちらに戻って来た。

（何だろう？）

　訝《いぶか》し気に眺めていると、運転席の窓が開き、働き盛りの年恰好の男性が無造作にポリ袋を渡してくれる。中を見ると、数本の清涼飲料水が入っていた。

「お遍路さん、良かったらどうぞ。〝お接待〟やけん」

「えっ、わざわざどうも。申し訳ない、恐縮です。いいんですか？」

「あゝ、ええよ。小さい頃からオレの親たちもそうするの見てきたからよ」

「いや、ありがとうございます。では、遠慮なくいただきます。お気をつけて！」

　過ぎ去っていく軽トラックに頭を下げながら、二人呆然と見送る。

「オイッ！」

「あァ、ナンとありがたい！」フクショウも我がふる里の優しさに感動している。お遍路姿で歩く我々に気づき、一度追い越してから自動販売機で冷たい飲料水を買って、わざわざ戻って来てくれたのだろう。白装束を羽織っているというだけで地元の皆さんがかけてくれる「情け」の数々に、今回もありがたくて涙が出そうである。

（お大師さん、こんな私たちのために、ほんとうにありがとうございます）


勝浦川を渡り、途中の「遍路小屋」で一息入れたあと、六時間かかってやっと小高い丘の上にある十八番札所「恩山寺《おんざんじ》」（小松島市）に到着した。時間は午後四時。さすがに二十キロは遠かった。樹林に囲まれた境内が清々しく、納経所の前にあるベンチに座って一息つく。

「恩山寺」からさらに約四キロ歩き、十九番札所「立江寺《たつえじ》」（小松島市）に到着したときには、既に六時を過ぎていた。


「早起早立、まっしぐらにいそぐ、第十八番恩山寺遥拝、第十九番立江寺拝登。野良で野良働きの人がお弁当を食べている、私も食べる、わがままをつつしむべし」

『遍路日記』


今日は、「立江寺」の宿坊にお世話になる。

納経所は閉まっていたものの、秋のお遍路と違って春はまだ明るさが残っているのがありがたい。今日一日でお参り出来たのは三ケ所だけだったが、それでもこの日は、二十五キロを歩いたことになる。本堂と大師堂に手を合わせ、宿坊で靴を脱ぐ。翌朝、納経所が開く七時前には出発したい旨を伝えると、快く納経を受けつけてくれた。お陰で、明朝早く出発することが出来る。

汗を流してから本堂のお勤めに参加し、広間で精進料理を囲む。お腹が空いているということもあるが、宿坊でいただくおかずの品々は、いつもながらどれも身につくように美味しい。もったいなくて、ゆっくり、大事に味わう。普段からこうありたいものである。

「今日の軽トラのお兄さん、優しかったなア」

「あゝ。追い越して行ったのに、わざわざ戻って来てくれたんだよなァ」

今日一日の長い行程と地元の人々の温かさを噛みしめながら、本日はビール大瓶二本とお銚子二本で打ち止めにした。

大師修行の地を前に足上がらず

〔四月二十七日（日）　晴れ〕

早朝、境内で清々しい空気を吸ってから部屋に戻る。

いつものようにリュックと手回りの荷物を確認するが、結構そこに入れたはずのものがない、ということがある。結局は無意識に思わぬところにしまっていたりするのであるが、

「おかしいなあ、寝る前にちゃんとここに入れておいたんだけどなァ？　えーっと……」

腕枕をしながらその様子をジーッと窺っていたフクショウが呆れて呟く。

「前から思ってたんだけどサ、イザワはいつもナンか探しているよなァ。ここんとこ、だんだんその傾向が強くなってきたような気がするよ。心配だよ、大丈夫か？　ボケ始めたんじゃないか？」

「バカ言うなよ、念のために確認しているだけだよ」

「最近のイザワ見てると、マジで危ないと思うよ。ボケたイザワと病弱なオレと、ナンか、だんだん情けないお遍路になってきたなァ」

「ボケてたって車椅子は押せるよ。そのときは、右だ、左だってちゃんと指示してくれよナ！」

六時に朝食をお願いしていたのだが、さすがに食堂は我々だけであった。今日も朝からご飯が美味しく、呆れるフクショウをよそにお代わりをする。これだけ毎日歩いているのに、お遍路から戻るといつも行く前より体重が増えている。しかし、美味いものは仕方がない。

〈四国遍路開創千二百年〉の幟がはためく境内を、六時四十分に出発した。

早朝、立江寺を出発

山麓の遍路道

お陰で、足裏のテーピングもお遍路初日だけ、ここまで足に豆が出来ることはなかったのだが、今朝は何だか足の付け根の筋が痛む。長い距離を歩いていると、自分の身体の思わぬ弱点に気づくものである。普段、筋肉を使わないところ、弱い箇所が一目瞭然である。十分にストレッチを施し、（がんばれよ！）と自分の足に気合を入れて歩き出す。しかし、時間が経つほどに筋が攣《つ》って足が上がらなくなり、騙し騙し歩く。フクショウの足を心配している余裕はなくなった。

「立江寺」から二十番札所「鶴林寺」までは約十五キロ、ガイドブックには「焼山寺」に次ぐ難所と書いてある。車道を三時間ほど歩くと、山道に差しかかった。田植えが終わったばかりの田んぼの真ん中で白鷺が休み、その上空には初夏を告げるツバメが飛び回っている。道端には八重桜が咲き、山裾には白藤が揺れる。ひたすら続く上り坂はしんどいものの、風を感じ、緑の匂いに包まれていると、次第に足の痛さを忘れていく。やはり山麓の遍路道はいい。神社の楠の大木の脇を通り過ぎる頃には、だいぶ足の調子

も戻っていた。お遍路を続けていると、やはり身体も鍛えられていくのだろうか。（ここを「寅さん」にも歩いて欲しいなあ）

「昨日の道よりも今日の道、山と水がますますうつくしくなる」『遍路日記』

《春のつばくろ休んでおいで峠くだればひとの里》（風天四十六歳）

歩き続けること四時間、菖蒲が咲き誇る道の脇に〈四国のみち〉と書かれた木標があり、〈登山口まで三百メートル〉と書いてある。最後のひと登り、やっと二十番札所「鶴林寺《かくりんじ》」（勝浦町）に到着である。

運慶作と伝えられる仁王像が睨みを利かせる山門をくぐると、三重塔が聳え、本堂の左右には寺の名前の由来ともなった「鶴」の像が控えている。なかなか趣ある寺のようである。境内の隅を借りておにぎりを頬張る。フクショウがリュックから例の魚肉ソーセージを取り出すと、それを合図にいつものように私が〃気つけ薬〃が入ったスキットルを手に取る。お大師さんに隠れて二人でチビリとやると、俄然、元気が出た。

20番札所鶴林寺で一杯

「清流まで出かけて、肌着や腰巻を洗濯する、顔も手も洗い清めた、いわば旅の禊である、こらえきれなくて一杯ひっかける」

『遍路日記』

「よっしゃ、行こう！」

二十一番札所「太龍寺」まで約七キロ、山越えが二カ所ある。

薄暗い杉の木立に囲まれた遍路道を登って行くと、赤い前垂れをかけたお地蔵さんがひっそりと座っていた。いつ頃からここに座っているのだろうか。峠から山の裾野を見下ろすと、那賀川が大きく蛇行しながら流れている。そこから麓まで下って行くと、川の傍に小学校の「廃校跡」が現れた。子どもたちが使っていたトイレをお遍路さんに開放してくれているようである。ありがたく使わせていただき、シーンと静まり返った校庭を少し歩いてみた。山々に囲まれた運動場には雑草が生え、静かに風に揺れている。運動場の片隅に木造二階建ての校舎がひっそりと建っており、窓に白いカーテンが下がっていた。柱の錆びた渡り廊下が、往時を物語っているようだ。

「寅さん」が旅していた頃は、きっとあの窓から子どもたちが顔を覗かせ、運動場からは賑やかな歓声が響いていたことだろう。

小学校の廃校跡で

こんな寂しい光景が、四国の、そして日本のあちこちに広がっている。

《おふくろ見にきてるビリになりたくない白い靴》（風天四十五歳）

《少年の日に帰りたき初蛍》（風天六十五歳）

立ち去り難い気持ちを抑え、廃校跡の門を出る。碧い山々に囲まれた那珂川の清流を越えると、今度は登り坂になる。再び足の付け根が痛みだす。山道の階段を登ろうとするが、今度はまったく足が上がらない。

「イザワも相当キツそうだなあ」

「ウン、フクショウこそ大丈夫か？」

「ナンか、お互いに情けない姿になってきたなあ」

足を痛めた呑兵衛と、坐骨神経痛に捻挫のダブルパンチの初期高齢者の「同行二人」が黙々と歩く。ほぼ登りのルートを何とか三時間半かけて歩き、やっと二十一番札所「太龍寺《たいりゅうじ》」（阿南市）に着いた。五〇〇メートル先には、お大師さんが「虚空蔵求聞持法《こくぞうぐもんじほう》」を修業したと言われる「舎心ケ嶽《しゃしんがだけ》」があるが、とてもそこまで歩く体力はない。

「大地を踏みしめ踏みしめて歩け！」『遍路日記』

お参りを済ませてから、民宿「坂口屋」に転がり込んだ。考えてみれば、お遍路で民宿に泊まるのは今回が初めてである。一汗流してから広間に行くと、テーブルに〈ふくしょう寺様御一行〉の札が立っていた。

「オイ、ナンて言って予約したんだい?」

「いやあ?」

「フクショウ和尚、まあどうぞ」苦笑いするフクショウにビールを注ぐ。

「ウン、とにかくこの一杯が今日も旨い」

他の宿泊客と談笑しながら、「ふくしょう寺」のナマグサ坊主二人は、今日も酒が進む。この日は、ビール中瓶三本にお銚子四本で締め、早々に寝床に入った。

(お大師さん、申し訳ない。明日も一所懸命歩きます!)

〈ふくしょう寺様御一行〉

びしょ濡れで越える星越峠

〔四月二十八日(月)　曇りのち雨〕

朝食代わりにおにぎりを作ってもらい、六時半に民宿を出た。今日は、二ケ所だけながら三十キロを歩かなければならない。

「どう、まだ歩けそう？」

昨日、足を引きずっていたフクショウも今日は何とか持ち直し、私の足の痛みもだいぶ和らいだようだ。ベテランお遍路さんの「最初の二、三日がいちばんつらい」という言葉を再び思い出す。

歩いていると、パラパラと雨粒が落ちてきた。田植えが終わったばかりの田んぼに、一つ二つと波紋が広がり、山裾には霧がたなびく。雨に濡れ始めた土の匂いが、子どもの頃の遠い記憶を呼び起こすようだ。

《花道に降る春雨や音もなく》(風天六十七歳)

杉木立に囲まれた薄暗い「ふだらく峠」を通り、三時間かけてやっと鬱蒼《うっそう》とした森の中にたたずむ二十二番札所「平等寺《びょうどうじ》」（阿南市）に到着した。

真っすぐ伸びた長い階段を上って本堂へ。「平等寺」は、足の病気やケガにご利益があるそうで、不要になった松葉杖やギプスなどが奉納されていた。フクショウと私も手を合わせ、「弥次喜多へんろ旅」の完歩を祈る。

「平等寺」を出て、いよいよ徳島最後の二十三番札所「薬王寺」までの約二十五キロを目指す。濡れた山道を滑らないように、フクショウの足を案じつつ、ゆっくりと下って行く。すると、青いビニールシートを掛けた大きな箱のようなものを背負い、木につかまりながら必死に下って行くお遍路さんに追いついた。

「こりゃあ、大変だア！」フクショウと顔を見合わせ、

「ご苦労様です！　がんばってください」と声をかけ、先に行かせてもらう。

「あの様子じゃあ、この先一体どのくらい時間がかかるかわからないぞ」

「ああ。アソコが痛い、ココが痛いなんてオレたちも弱音吐いちゃいられないナ」

「まったく」

雨は次第に本降りになり、風も出てくる。フクショウはカッパの上下、私はポンチョを羽織る。山に囲まれた沼を横切り、竹林を抜け、国道五十五号線に出てひたすら「星越峠」を目指す。

22番札所平等寺

「しぐれてぬれて旅ごろもしぼってはゆく」『遍路日記』

峠の途中で「遍路小屋」を見つけ、這う這うの体で飛び込んだ。私のズボンの裾はぐしょぐしょ、フクショウのスニーカーも脱いで逆さにすると溜まった水がドッと流れ出る始末。これに懲り、以後私もカッパの上下をリュックに入れておくようにしたのだが、ただ重いだけで結局一度も着ることはなかった。

星越峠の遍路小屋で雨宿り

「参ったなァ！」小屋の中で次第に大きくなっていく雨粒を呆然と眺めていると、先ほどの大きな荷物を背負ったお遍路さんが小屋に入ってきた。

「ご苦労様です。本降りになっちゃいましたねえ。それにしても、すごい荷物ですネ！　どちらからいらしたンですか？」

「愛知です。基本、野宿をしながら」

「野宿！　もう何度か回られてるンですか？」

「今回で十五回目です。お金もかけられませんからネ」

「十五回！　恐れ入りました。しかし、その大きな荷物を背負われて、お元気ですねえ。還暦を過ぎた我々も一念発起してこうして去年から歩き始めたんですが、もうヘトヘトとです」

「いやいや、まだお若いじゃないですか。私はもう七十過ぎですよ」

「七十過ぎ？　しかし、お家の方はよく毎年送り出してくれますねえ」

「毎年回っているとネ、季節になると『まだ行かないの？』って女房に急かされるンですよ。家でゴロゴロされているより、決まった季節に長期間留守にしてくれてた方が楽なんじゃないですか、ハハハハッ。私もこうやって緑の中で野宿してる方がどんなにか気楽で楽しいンですよ」

四国の山の上の峠で、たまたま雨に降り込められた三人が、雨音に声をかき消されながらも世間話を交わす。お遍路ならではである。

「ああ、だいぶ小降りになりましたかな？　では、お先に失礼します。お気をつけて」

そう言うと彼は身支度を整え、背負っていた荷物の上からキャリーカートを降ろすと、それを引っ張りながら悠然と霧に煙る峠を下って行った。先ほどの山道とは見違えるような力強い足取りで、見る見るシルエットが小さくなっていく。弥次喜多二人は、ただ茫然と口を開けて見送る。

「いやはや、『恐れ入りました！』だナ。さて、そろそろ我々も行こうか」

フクショウはもう一度スニーカーの水を切ってから再び履き、頼りない足取りの二人が「星越峠」を下る。

「フクショウ、足、大丈夫か？」

「ウン、ナンとか。あの人見たら、足が痛いのナンのって言ってらンないよ」

「だナ！」

途中、〈アカテガニ横断注意！〉の標識を横目にさらに峠を下って行くと、突然、眼下に谷戸が広がり、その向こうに海が見えた。

「イザワァ、海だァ！」

「オォオ、まさしく太平洋だ！」雨に降り込められ、やるせなかった弥次喜多二人の気持ちが一気にパーッと晴れた。


「しぐれて人が海をみてゐる」『遍路日記』

ひたすら山の中を歩き続けた二人は、この旅で初めて目にする太平洋にアドレナリンが溢れ、一気に下るスピードを上げていく。やっとのことで麓に辿り着くと、一面に田んぼが広がり、濡れた畦道の匂いが芳しい。「日和佐《ひわさ》駅」の傍を通り過ぎ、やがて道は海沿いに出る。雨は次第に小降りになってきた。国道の〈室戸方面〉の看板に、改めて山を越え、太平洋岸に出たことを実感する。

途中、「安政地震津波」の石灯籠や〈揺れたらまず高台へ！〉の看板を過ぎる。地元の方々の地震災害に対する切迫感にハッとさせられる。現役時代、大島や三宅島の噴火災害、そして東日本大震災の災害現場に赴いた経験があるだけに、改めて身が引き締まる思いである。

海岸に出ると、大岩に荒々しく打ちつける大波の向こうに砂浜が見えた。「大浜海岸」である。やっとの思いで国民宿舎「うみがめ荘」に辿り着いたのは五時近く、雨はすっかり上がっていた。玄関脇の小さなプールで泳ぐウミガメが我々を迎えてくれる。「平等寺」を出てから七時間、朝、民宿を出てから十時間、雨中約三十キロの行軍であった。さすがに今日は疲れ果て、「薬王寺」は明朝お参りすることにした。

部屋に入り、まず最初に濡れた衣服を四隅に干す。テーブルの上の〈大津波警報発表時の高台への避難場所〉という航空写真に目が留まる。風呂にゆっくり浸かり、今日一日頑張ってくれた足に感謝する。

その日の夕食では、生ビールの最初のひと口がさすがに身中に染み渡った。この日は、お銚子四本と仕上げのビールの中瓶一本が雨中三十キロのお遍路の疲れを癒してくれた。

部屋に戻ると、大浜海岸に打ち寄せる波の音がすぐ傍で聞こえる。枕に頭をつけると、雨の「星越峠」や、その先で目の前に広がった太平洋の雄姿、そして安政地震の石灯籠などが次々に脳裏をよぎり、疲れているはずなのに目が冴える。

ウミガメのお出迎え

「ぼうぼううちよせてわれをうつ」『遍路日記』

「フクショウ、もう寝たかい？」

「イヤ、ナンか疲れ過ぎたのと波の音で眠れないよ」

「だろ？　軽くやろうか」リュックからカップを取り出し、スキットルから少しだけ注いで、一つをフクショウに手渡す。

「しかし、峠で会ったあのお遍路さん、今頃どうしてるかなァ」

「あゝ、そうだネ。同じようにテントの中で波の音聴いてるンだろうか」

「しかし、七十を過ぎて元気だよ。もちろん体力も超人的だけど、気持ちが途切れてないっていうことは、要するに〝若い〟んだよ。世阿弥の『老いてのちの初心』だナ」そう言うと、

「気持ちもだけど、オレはあの〝体力〟が羨ましい！」

「確かに。でもサ、フクショウ。歳取ると、ナンでみんなあんなに外見上の若さにこだわるんだろうか。ホラ、よく『幾つに見えます？』ナンて訊かれるだろう。答えに困っちゃうよ」

「そう言えば、尾瀬に行ったとき、『兄弟仲好くイイわねえ！』ナンて言われたよなァ、〝お兄さん〟」

「〝お兄さん〟じゃねえよ。でも、外見なんて歳相応でいいンじゃないか？　重力に従って、そりゃあ顔だってだんだん垂れ下がってくるサ。自然に歳取って、それを受け入れて、無理に〝若作り〟ナンてする必要はないと思うよ。〝小奇麗〟ではいたいからサ、『歳取れば取るほど身の回りに気を遣え！』ってのならわかるよ」

「オレは別に〝小奇麗〟でなくてもいい!」

「そんなこたァないだろ。でもサ、役者にしろ今回出会ったカクシャクたる先輩方にしろ、だんだん〝いい顔〟になっていく人っているだろ? アレは羨ましいナ。この歳になると、自分の顔に責任持たなくちゃいけないいってつくづく思うよ」

「イザワは自分の顔に責任持ってンの?」

「持ってない! でも、齢を重ねるとサ、もうこれ以上人に気ィ遣ってたまるかって、どうしても〝頑な〟になるじゃない。そういうのって、顔に出るんだよ。〝いい顔〟の人って、いつまでも心が瑞々しくて自分を客観的に捉えられる人ナンじゃないかナ。オイ、聴いてる?」

フクショウの方を見ると、もう寝息をたてていた。「焼山寺」で懲りて以来、同じ部屋で寝るときには、「絶対にイザワより先に寝る!」と言いながら、いつも私の寝つきの良さに呆れていたフクショウであるが、今日はどうやら先を越されたらしい。

(さて、オレもそろそろ寝るとするか)

しかし、一晩中波の音が耳元で響き、テーブルの上の避難マップの存在も頭にこびりついて、明け方まで何となくうつらうつらしていたような気がする。


「こんやはひとり波音につつまれて」『遍路日記』

感涙の握手

〔四月二十九日(火)　風雨強し〕

八時に宿舎を出た。今日も天気は荒れ模様のようである。

びしょ濡れになりながら市内を二キロほど歩き、いよいよ『発心の道場』徳島最後のお寺、二十三番札所「薬王寺《やくおうじ》」(美波町)である。山の中腹に、密教寺院独特の赤い大塔、「瑜祇《ゆぎ》塔」が聳える。境内に続く階段には、三十三段の女厄坂と四十二段の男厄坂があり、厄年の人は、一段ごとに賽銭を置いて行くらしい。なるほど、各段に一円玉が置いてあるのは、そういうことか。

仁王門をくぐり、本堂へ向かう。「薬王寺」のご本尊「薬師如来」の真言〈おん、ころころ、せんだり、まとうぎ、そわか〉を高らかに唱える。大師堂をお参りしてから「瑜祇塔」を目指し、さらに六十一段登る。壇上からは、雨に煙る市街地と、その向こうに海が霞んで見えた。

塔の中に入ると祭壇が据えられていた。

「オイ、フクショウ。最後にもう一度お参りしようか」

「あゝ、そうだな」

二人とも無事に『発心の道場』徳島を回り終えることが出来たことに心から感謝し、精一杯の気合を込めて最後の「般若心経」を唱え始めた。

〈色不異空、空不異色、色即是空、空即是色……〉

ところが、唱えている間に、一番札所「霊山寺」から回り始めてからこれまでの道中の出来事が一つひとつ思い出され、不覚にも、途中から涙が溢れて経本の字が霞む。捻挫した足を引きずりながらここまで耐えて歩き続けたフクショウも、私につられて先が読めない。やがて、弥次喜多二人のお経は、情けなくも嗚咽に変わる。傍から見ると異様な光景である。それでも、何とか必死に最後まで唱え終えると、どちらからともなくガッチリ握手を交わした。

薬王寺で涙の握手

「ありがとな！」精一杯の気持ちである。
「イヤ、こちらこそ。今回だけは、この捻挫した足で最後まで回るのはとても無理だと思ってたよ。まさかここまで……ありがとう！」
フクショウも感極まっている。外は雨。道中喧嘩もせず、さして頑強でもない身体を叱咤激励しつつ、騙し騙し何とか歩き終えた。お互いに、優しい徳島の人々に、そしてお大師さんに感謝である。ナマグサ遍路ではあったが、「寅さん」の姿を追いつつ、そしてその渥美さんが心惹かれた山頭火が歩いた道を辿りながら、二百キロを完歩することが出来た。しかし、何とか持ちこたえた私と比べ、坐骨神経痛に捻挫を押して歩いた満身創痍のフクショウにとっては、さぞかしつらいお遍路だったと思う。

（えらい、よくがんばったな！）と心の中で誉めてあげたい。

薬王寺の長い階段を下り、「日和佐駅」に着いたときには風雨はピークとなり、横殴りどころか下から吹き上げるように容赦なく吹き荒れた。駅舎で濡れた道中着を脱いで身支度を整え直し、十時二十二分発の列車に飛び乗って「徳島駅」に向かった。雨粒が車窓に吹きつけては後方に流れ、春の嵐はますます激しくなるばかりであった。


「どしゃぶり！まったくそうだった、そしてそれを吹きまくる烈風、雨が横さまに簾のようになってそそいだ、私は天からたたきつけられるように感じた、むしろ痛快だった」

『遍路日記』


「徳島駅」から初日にお世話になった個人タクシーの家段さんに連絡し、迎えに来てもらうことにした。午後の帰りの便まではまだだいぶ時間があったが、この様子では早めに空港へ行った方がいいだろうと判断した。

「どうもお疲れさまでした。また、お声をかけていただいてありがとうございます。それにしても、今日はすごい雨風になりましたね。お遍路は大丈夫でしたか？」

「ええ、まあナンとか。申し訳ありませんが、空港で帰りの便の状況を確認する間、少し待っていただけますか？」

「もちろん、どうぞどうぞ」

家段さんには空港で少し待機していただくことにして、航空会社のカウンターに直行すると、案の定欠航が相次いでいた。午後もまったくの白紙状態であるという。飛ぶかどうかわからない飛行機を夕方まで待つわけにはいかず、フクショウの発案で東京まで高速バスで帰ることにした。再びタクシーに戻り、高速バスの発着ターミナルまで送ってもらう。

お世話になったお礼を告げて家段さんとは別れ、ターミナルで切符を買おうとすると、何と直通バスも不通になっているという。仕方なく、地元に詳しいフクショウに知恵を絞ってもらい、「松茂」というバス停までタクシーを飛ばし、そこから高速バスで「鳴門大橋」経由で「新神戸」まで行くことにした。

やっとのことで新幹線に乗り込み、缶ビール片手に寛いでいると、昨日まで雨中の険しい山道を歩き回っていたことがまるで別世界の出来事のように思えてくる。

「いやあ、参ったなァ。それにしても、捻挫した足がここまでもってくれると思わなかったよ。ホントのこと言うと、今回は最後まで歩くのは諦めてたんだ。行けるとこまで行って、あとはイザワに任せようと思ってたンだけど、まさか最後まで回れるとは。オレにとっては、〝奇跡〟みたいな話だよ。ありがとネ」

「寂しいこと言うなよ。オレ一人で回るナンて、そんな。でも、いざ歩き終わってみるとサ、すごくキツかったけど、すべてが充実しててナンか楽しかったな。この充実感って、一体ナンなんだろうネ。こちらこそありがとう」

「そうだな、お互いにいい経験をさせてもらったよ」

「ところでサ、一応これでひと区切りだね」私がそう言うと、

「調べてみたんだけど、二十三番札所「薬王寺」から次の高知の二十四番札所「最御崎寺《ほつみさきじ》」まではでは七十五キロ以上あるんだよ」

「七十五キロ！」

「だから、もし歩くとしたら、それだけで二泊は覚悟しないとダメだなあ」

「それだけで二泊？　残念ながら無理だナ。徳島を全部歩いて回れただけでも大満足だよ」

「一体、何年かかることかわからないしナ。でも、高知から先は、最低限の交通機関を利用しながら回るって手もあるよ！」

「……」

果たして、まだこの先もお遍路を続けることができるのだろうかという不安と、ここまでがんばったからには、という思いが交差する。

「東京駅」まで乗るフクショウとは手を振って別れ、私は「新横浜」で下車した。数日間一緒に苦労して歩いただけに、いつも「弥次喜多へんろ旅」の別れは寂しい。

（電車とバスを乗り継ぎながらお遍路？）

三回の遍路旅で一定の充実感を感じていた私は、本当にそうまでして回るかどうか、まだ半信半疑であった。しかし、結局、足掛け五年もの歳月をかけてお遍路を完遂することになるとは、そのときは思いもしなかった。

戻ってから、お世話になった個人タクシーの家段さんに礼状を書き、新幹線で無事に帰れたことを報告した。家段さんからは、

「最後まできちんと確認して送ってあげるべきでした。大変申し訳ありませんでした」という丁重なご返事をいただいた。

「阿波」の人々は、本当にどこまでも優しいのである。

第4章

幻の第四十九作「寅次郎花へんろ」の地へ

室戸岬中岡慎太郎像の前から太平洋を望む

「御前様」と笠智衆さん

二〇一三年から二〇一四年の春にかけて徳島を完歩したあと、充実感とともにさすがに虚脱感が残った。さて、これからほんとうに高知、愛媛、香川と回り続けることが出来るのだろうか。

ちょうどその頃、仕事の方では、アセアンに進出する都内の中小企業を支援するためにタイのバンコクに支社を創るプロジェクトに忙殺され、東京と現地とを往復する日々が続いていた。たまに会うフクショウとは、

「もし高知を歩くとすれば、やっぱり春がいいよな。キラキラ輝く太平洋を見てみたいよなア」などと話をしていた。しかし問題は、短い休暇の中で、一体どうやってあの広大な土佐路を移動するかということである。

二〇一四年の七月、私は気分転換に大船に向かった。大船は松竹大船撮影所があったところであり、「御前様」こと笠智衆《りゅうちしゅう》さんが住んでいたところでもある。渥美さんに「役者の極限」とまで言わしめた笠智衆さん。その笠智衆さんが、晩年、セリフの練習をしていた小さな神社

があるという。

演技力やその熊本訛りから、長い間「大部屋俳優」に甘んじていた笠智衆さん。しかし、その独特の持ち味が数々の名監督に重宝がられ、圧倒的な存在感を放つ名バイプレイヤーとして評価されるようになる。木下惠介監督の日本初の総天然色映画『カルメン故郷に帰る』では老校長役を、小津安二郎監督の『東京物語』では戦死した息子の嫁原節子の義理の父親役を演じているが、どちらもまだ四〇代の頃の作品である。そして、山田洋次監督の下で、やっと年齢相応の役である「御前様」を演じることになったのである。晩年、いくら山田監督が車を勧めても、頑として電車で撮影スタジオ入りしていたという、九州男児でもある。

大船駅の西口を出て十分ほどのところに、その神社はひっそりとたたずんでいた。小ぶりな石の鳥居には「神明神社」の額が掲げてあり、急な階段が丘の上まで続いている。滅多に人が登って来ることもないであろう狭い境内は樹木に囲まれ、小さな祠がポツンと一つ祀ってあるだけであった。木々の間から谷戸に広がる民家の屋根が見渡せる。恐らく、笠さんがただ一人セリフの練習をしていた頃は、もっと見通しが良かったのだろう。熊本の寺で生まれ育った「肥後もっこす」は、セリフの言い回しにはかなり苦労したという。しばしたたずんでいると、「寅さん」と「御前様」の愉快な会話が聴こえてくるようである。そして最後はいつも、

「困ったア、ほんとオに困ったァ」

〈また、父が「寅さん」の脚本を読みながら、「寅さんに俺が出られるのはこれが最後だ」と言い出したのもこの頃だった。「そんなことないよ。誰もそんなこと言ってないよ」と私が言

っても、「いや、最後だ。山田監督もそう思っている」「そんなことないと思うよ」「いや、思ってる、これが最後だ」。父は、「寅さん」に出られなくなった時が、自分の引退だと思っていたのかも知れない。そして、引退をしないまま「寅さん」が父の最後の映画になってしまった〉（笠徹『春風想　父・笠智衆の思い出』扶桑社）

笠智衆さんの奥さんは、高知県香美郡の出身である。戦争中は、山奥にある実家が家族の疎開先となった。笠さんは、撮影所のある京都や大船からたまにその疎開先に戻って来たという。〈高知かあ！　坂本龍馬にも会ってみたいし、それにナンと言っても、幻の第四十九作予定の地を歩いてみたい！〉

『男はつらいよ』幻の第四十九作「寅次郎花へんろ」は、高知が舞台になるはずであった。「寅さん」がお遍路の旅につき合い美しい女性と出会う、というストーリーだったという。マドンナは田中裕子、ゲストに西田敏行を予定していたが、渥美さんの訃報によって、残念ながら『男はつらいよ』シリーズは第四十八作をもって打ち切りとなってしまった。そして急遽、ほぼ同じキャストで撮影されたのが『虹をつかむ男』である。

《背のびして大声上げて虹を呼ぶ》（風天六十六歳）

室戸岬とお大師さん

二〇一五年春、「弥次喜多へんろ旅」を再開し、『修行の道場』土佐ノ国高知を目指すことにした。

（あの広大な土佐路も、フクショウが言っていたように交通機関さえ上手く利用すれば、何とか短期間で回ることが出来るかも知れない）

しかし、列車の時刻に合わせて歩き、遍路道を外れて本数の少ないバスを乗り継ぐことが意外に難しいということが、歩き始めてすぐにわかった。

一年ぶりのお遍路は、連休を利用して四月二十九日から五月四日までの五泊六日を確保した。混雑が予想されるものの、「区切り打ち」遍路としては致し方ない。今回は、前回に懲りてキャラバンシューズとポールは止めた。それでも、前回の二十三番札所「薬王寺」までの峠越えでびしょ濡れになったことから、念のために用意したカッパの上下がやけに重い。

〔四月二十九日（水）　晴れ〕

お遍路前日というものは妙に神経が高ぶるらしく、やはり三時前には目覚めてしまう。朝の早い便に間に合わせるために、今回は予約したタクシーで田園都市線の「たまプラーザ駅」まで直接行き、始発のリムジンバスに乗る。

「おはよう、いよいよ高知か、楽しみだナ。で、足の方はどう？」

「あんまり調子良くないながらナンとか」

「ウーン、ナンかよくわかンないけど、まあ大丈夫そうだナ」

お遍路も四回目ともなると、うどん屋からランクアップして六時の開店を待ってラウンジの立ち食い寿司屋で軽く乾杯する。フクショウから最新の行程案を受け取り、朝七時発の第一便で徳島へ向かう。久しぶりの「徳島阿波踊り空港」である。

「徳島駅」から「特急むろと」に乗る。もちろん、ディーゼルである。車窓に広がる太平洋を眺め、去年苦労して歩いた峠越えのコースを思い出しながら、一気に海沿いに「日和佐《ひわさ》駅」まで行く。あのとき雨に濡れながら歩いた市街地を抜けると、一年ぶりの薬王寺の赤い「瑜祇《ゆぎ》塔」が長い階段の上に聳える。息子らしき男性に背負われたお婆さんが、三十三段の女厄坂に一つずつ一円玉を落として行く。

23番札所薬王寺から再開

「いい風景だネ」
「あゝ、いいねえ」お礼参りを済ませ、昨年、フクショウとガッチリ涙の握手を交わした「瑜祇塔」に登ると、一年前は雨と霧に霞んでいた市街地がくっきりと見渡せ、その向こうに太平洋が光っている。
「オオ、こういう景色だったか。思い出すなあ、去年を。なァ、フクショウ」

「あゝ。まさか全部歩いて回れるとは思ってなかったからなあ。あの『般若心経』は一生忘れられないよ」

「そうだナ。よっしゃ、いよいよ『室戸岬』とその先の土佐路を目指すとするか」

「第二十三番薬王寺拝登、仏殿庫裡もがっちりしている、円山らしい、その山上からの眺望がよろしい、相生の樟の下で休憩した、日和佐という港街はよさそうな場所である」

『遍路日記』

「薬王寺」からＪＲ牟岐《むぎ》線の「山河内駅《やまがわちえき》」までの約六キロを一時間半かけて歩く。「山河内駅」から車内を派手なイルミネーションで飾りつけた列車に乗り、「牟岐駅」まで行く。そこで乗り換え、「鯖大師」で有名な「鯖瀬駅」を通過して「海部駅《かいふえき》」まで、そこからまた阿佐海岸鉄道阿佐東線に乗り換え、「宍喰駅《ししくいえき》」を通って「甲浦駅《かんのうらえき》」で降りた。乗り継ぎを前提とした時刻表なので特に支障はなかったが、四国の鉄道網は、国鉄が民営化されてからＪＲと三セクが相互に乗り入れる形となっており、旅人にはややわかりづらい。

「甲浦」は、穏やかな漁港を抱える静かな港町である。駅前から高知東部交通のバスに乗り、ここから室戸方面へ向かうことになる。歩けば二泊三日の距離、フクショウが綿密に調べてくれた行程案がありがたい。

バスの車窓には、春のまばゆい陽射しを反射した太平洋が明るく広がっている。ふと、前方に目を凝らすと、海沿いの街道をてくてく歩くお遍路さんに気がついた。全部で五、六組は見かけただろうか、三日かけてひたすら太平洋岸を歩く姿に昨年までの自分たちの姿を重ね合わせ、さすがの弥次喜多も思わず手を合わせる。「甲浦駅」から約一時間、午後二時過ぎに憧れの地、「室戸岬」に到着した。

「暮れ近く宍喰町まで来たには来たが、また泊まれない、ようやく甲ノ浦まで来て、ようやく泊めて貰うことが出来た、ありがたかった」『遍路日記』

今日の宿泊予定先、民宿「室戸荘」にリュックを預け、室戸岬の突端にある二十四番札所「最御崎寺《ほつみさきじ》」（室戸市）を目指した。それにしても、リュックがあるとなしではここまで体力へのダメージが違うのだろうか、軽快に階段を登って行く。飛行機と列車、バスを乗り継いでも、今日お参りできるのはこの「最御崎寺」だけである。徳島最後の札所である「薬王寺」からここ「最御崎寺」まで歩いて来るお遍路さんには、ただただ脱帽するしかない。大きな仁王門をくぐり、大師像が建つ境内でお参りする。ご本尊の「虚空蔵菩薩」の真言〈のうぼう、あきゃしゃ、きゃらばや、おんあり、きゃまり、ぼり、そわか〉を唱えると、「いよいよ土佐路に足を踏み入れた！」という感慨が沸く。

「われいまここに海の青さのかぎりなし」『遍路日記』

御厨人窟

24番札所最御崎寺

室戸岬で灯台の先に広がる太平洋の大きさと地球の丸さを実感したあと、亜熱帯植物の「アコウ」の林が続く海岸線に出た。下田や伊豆諸島とやや似た植生のようであり、どことなく雰囲気も似ている。そして、いよいよお大師さんが寝食を忘れて修行を重ねたという「御厨人窟《みくろど》」と「神明窟《しんめいくつ》」を訪ねることにする。

平安初期、お大師さんこと「空海」は、民家も途絶え、断崖絶壁に囲まれた地の果てを切り拓きながら、何十日もかけてこの室戸岬に辿り着いた。食料は？　水は？　そして、鬼や魑魅魍魎《ちみもうりょう》が跋扈《ばっこ》するような岩稜に穿《うが》たれた真っ暗な洞窟でただ一人孤独を相手に座り続けた修行の目的は？　その心魂の凄まじさたるや、凡夫の想像を遥かに超える。

雨に、風に、寒さに、空腹に、そして孤独に耐える中、ある日突然、明けの明星が「空海」の口の中に飛び込んできたという。地の果てのこの岩窟の中で、「空海」は大宇宙と一体化し、浮遊していたのだろう。そのとき、体感、覚醒したものは、その後唐に渡って学んだ真言密教にどういう影響を与えたのだろうか。観光客の姿が消えた洞窟でしばしたたずんでみたものの、洞窟の外にその名前の由来となった「空」と「海」とがただ漠として広がるのみで、当然のことながら、日本の歴史に燦然と聳え立つ巨人の心中など推し量るべくもない。弥次喜多は、ただひたすら、お大師さんの歩いたあとを辿ってみるよりほかはなさそうである。納経帳の後ろのページに御朱印をいただき、「御厨人窟」を辞した。

「室戸岬の突端に立ったのは三時頃であったろう、室戸岬は真に大観である、限りなき大空、果しなき大洋、雑木山、大小の岩石、なんぼ眺めても飽かない、眺めれば眺めるほどその大きさが解ってくる、……ここにも大師の行水池、苦行窟などがある」

『遍路日記』

宿の夕食には、期待通りカツオのたたきが出た。上に生ニンニクのスライスが乗せられている。鯨とノレソレの刺身もある。ノレソレはアナゴの稚魚である。いよいよ高知に来たんだ、という実感が湧く。間違いなく、今日の土佐の地酒も旨いはずである。

「ノレソレ、珍しいですネ。美味しいです」箸をつけながらそう言うと、

「ウマイが！」と宿の主人はニンマリする。

この先、高知ではどこへ行ってもカツオのたたきが出たが、それぞれ、「うちのカツオは他所のとは違うがやけん！」と自慢するのである。しかし、恐ろしいことに、カツオに乗せられたこの生ニンニクが、徐々にフクショウの身体にダメージを与えることになるのである。

龍馬よりも中岡慎太郎？

〔四月三十日（木）　晴れ〕

早朝、まだ暗いうちに散歩に出た。室戸岬の朝焼けを見たかったのだ。打ち寄せる太平洋の荒波の向こうに、オレンジ色に燃える太陽が少しずつ昇ってくる。

「これが室戸岬の朝焼けかあ！」

お大師さんも、毎日、この朝焼けを眺め続けたことだろう。もちろん、私などにお大師さんの遥か視線の先にあるものを感じ取ることなど到底出来ないが、それでも、高知まで足を踏み入れて良かったとつくづく思う。

「海鳴そぞろ別れて遠い人おもふ」『遍路日記』

雄大な気持ちのまま宿に戻ると、すでにフクショウも起きており、腕枕をしながらテレビでニュースを視ていた。

「おはよう。よしなよ、遍路途中でニュースなんて。フクショウも室戸の朝陽を見ておいで」

「イヤ、いいです。俗世の出来事が気になります！」

身支度を整えてから民宿を出発し、まず最初に、岬にある中岡慎太郎像に立ち寄った。有名な桂浜の坂本龍馬像に触発され、彼の生まれ故郷の青年有志たちが寄進した像だという。台座には、〈昭和十年五月　高知縣青年建之　正二位田中光顕題字〉の文字がある。ぐっと太平洋の彼方を見つめる彼の視線は、桂浜の龍馬の視線と太平洋上で交わると聞いたが、本当だろうか。

太平洋をにらむ中岡慎太郎像

実は、わざわざ中岡慎太郎の像に立ち寄ったのには、ある理由があった。

御多分に漏れず「坂本龍馬フリーク」だった私は、京都で龍馬の足跡を辿ったことがある。夜行バスで京都へ行き、まだ夜も明けやらぬ中「霊山護国寺」にある龍馬のお墓に向かった。京都の市街地が次第に青白く明け始め、龍馬と中岡慎太郎の二つ並んだ墓標が輪郭を現してくる。手を合わせてから、伏見の寺田屋や土佐藩邸跡、難に遭ったという酢屋などを回り、最後に二人が凶刃に倒れた近江屋跡を訪ねた。その頃は、閉じられたシャッターの前に〈遭難之地〉と書かれた「石標」が寂しくポツンと立っているだけであった。

そして石原都知事一期目、私がある副知事の秘書をしていたときのことである。

石原慎太郎氏の腹心中の腹心である濱渦《はまうず》武《たけ》生《お》副知事案が、一年越しでやっと都議会で承認された。氏は、石原氏の国会議員時代から政策秘書として仕えた懐刀であり、その強烈なキャラクターは、特別秘書時代から都庁職員を震え上がらせていた。のちに私は、その濵渦副知事の下で都庁の行政改革を担当することになるのだが、それは、新副知事に挨拶をするべく部屋を訪ねたときのことだ。副知事を待つ間、部屋の中をボンヤリ眺めていると、窓際にある小さな武士の像が目に入った。濵渦氏が高知県の出身であることは聞いていた。

「やあ、お待たせ」入って来た副知事に、私は当然のごとく訊いた。

「坂本龍馬ですね！」すると副知事は、やや怒気を含んだ関西訛りで言い放った。

「違う！　中岡慎太郎だ！」のちに氏が中岡慎太郎と同じ北川村の出身であることを知ったのだが、遅かった。氏の話によると、維新の大回転を主導したのは龍馬よりもむしろ中岡慎太郎だったのだという。ありとあらゆる龍馬本を読み漁った私であるが、なるほど、中岡慎太郎に関する知識は乏しかった。後年、中岡慎太郎について板垣退助は、「ある面で龍馬より優れ、立派に西郷、木戸と肩を並べて参議になるだけの人格を備えていた」と評し、室戸の中岡慎太郎像に揮毫を寄せた田中光顕は、「彼は西郷南洲と其の型を一にする君子人であった」と語っている。

今回のお遍路の直前、ある会合でその濵渦氏とバッタリ会った。お遍路を始めたことと、そして次に高知を歩くことを伝えると、

「そうか。行ったら、北川村役場にオレの親戚がいるから、ぜひ訪ねてみてくれよ」と名刺の裏に紹介状を書いてくれたのである。

しばらく歩くと、〈二十三番札所薬王寺七十六キロ〉の標識があり、徳島から遥々遠くへ来

船溜まりと津波襲来の碑

たことを実感する。白いマーガレットが風にそよぎ、その向こうには鯉のぼりが翻っている。五月の節句も近い。

三層構造の「津波避難塔」を過ぎると、船溜まりがあった。小さな商店の片隅に置いてあった〈四つ百円也〉のやや傷のついた露地栽培のトマトを買い、海の傍に座り込んでかぶりつく。

「嗚呼、美味い！　なァ、食べてみろよ」

一つフクショウに薦める。

「オッ、ホントだ。ナンか、すごく懐かしい味がする。小さい頃食べてたトマトの味だ！」「ナッ！」

高知の燦々と降り注ぐ太陽と海風を浴びたトマトは、柔らか過ぎず、甘過ぎず、かじった途端に適度な青臭さと甘みが口一杯に広がった。

「サラダにちょこんと乗ってる熟れ過ぎたトマトとはえらい違いだナ」

「このトマトを食べられただけで今日は大満足だよ」

穏やかな波が朝の光を反射しながらタプタプと船を叩いている。船溜まりの横には、〈昭和九年海嘯襲来地点〉と記された「石標」があった。

（そうか、そういう土地だよな）

《ちまき汗かいてまじめそう》（風天四十七歳）

腰を上げ、土佐国司の任を終えた紀貫之が帰国途中に命名したと言われる「梅香《まいご》の井戸」を過ぎる。「歴史」に思いを馳せながら静かな春の海を眺めていると、突然、携帯にある大物都議会議員から電話がかかってきた。

「ああ、イザワさん？　明日、ちょっと会えるかな？」

「イヤ、明日はちょっと……」

「何で？　忙しいの？」

「アノ、ちょっと、忙しいというか、今、お遍路を……」

「……」

一気に現実に引き戻されたが、すぐに遍路道に心を戻す。

太平洋岸を約二時間歩き、二十五番札所「津照寺《しんしょうじ》」（室戸市）に着いた。真っすぐ続く一二五段の階段を登ると、「室津港」を見下ろす竜宮城のような山門がある。ここを上り下りするお遍路さんの映像をどこかで見たような気がする。境内からしばし雄大な太平洋を見下ろし、思いきり深呼吸する。（元気百倍！）

ここからさらに二十六番札所「金剛頂寺」を目指す。通り過ぎる魚屋さんの店先にはウツボが並んでいる。さすが高知である。車道をしばらく歩き、さらに山道を四十分ほど登ると二十六番札所「金剛頂寺《こんごうちょうじ》」（室戸市）である。

25番札所津照寺

26番札所金剛頂寺

空海が修業をしたという不動岩

〈法性《ほっしょう》の 室戸といへどわがすめば 有為の波風よせぬ日ぞなき（空海）〉という歌碑を見て、改めて修行の凄まじさに思いを馳せる。高知のお寺らしく、鯨の供養塔もあった。

中岡慎太郎のふる里「北川村」に寄るために、当初は「金剛頂寺」を出て真っすぐ「奈半利《なはり》駅」に向かう予定であったが、急遽、お大師さんが修業をしたという「不動岩」に寄って行くことにした。「地図帳」で確認すると、そのまま真っすぐ海の方へ下りて行けば三十分ほどの距離であった。次のバスの乗り継ぎが心配であったが、ここだけはぜひ見ておきたかった。こういう予定変更もお遍路の醍醐味である。

丘の中腹には、一面に薄紫色を帯びた可憐なニンニクの花が咲いていた。高知に入ってから、ときどき畑の方からニラのような香りが漂ってきたが、恐らく、ニンニクの匂いだったのだろう。研ぎ澄まされたようなウグイスの鳴き声が飛び交い、前方に太平洋が広がる。

「山よ海よ空よと呼かけたいようだった。波音、小鳥、水、何もかもありがたかった。太平洋と昇る日！」『遍路日記』

歩いていると、どういう訳かフクショウの周りにはいつも虫が飛び回り、上空ではカラスが鳴く。

「かうまでよりすがる蠅をうたうとするか」『遍路日記』

「鬱陶《うっとう》しいなァ、まったく。ナンでいつもオレの周りにはハエが飛び回ってんだ？」

「もしかしたら、フクショウ、死臭が漂ってんじゃないか？　カラスも狙ってるぜ。でも、白装束でお遍路してて良かったナ。昔のお遍路さんは、よく行き倒れて村人に葬られたそうじゃないか。同行二人の杖は、そのまま墓標になるんだよ」

「イヤだよ。どうでもいいけどサ、オレまだ死にたくない。孫も可愛いし」

「いつまでも孫の成長を見守れるわけじゃないからなァ。還暦過ぎてもこうしてナンとか歩けているし、酒も旨い。特にお願いしたわけでもないのに、生まれてからこの方心臓も動き続けてくれている。もうそれだけでただただありがたいじゃないか！」

「オレは絶対にナンとしてでも長生きしたい！」

「寝たきりで長生きしたって仕方ないサ」

「イヤ、寝たきりでも長生きしたい！」

「……」

「イザワはいつもわかった風なこと言うけどサ、とにかくオレはもっと家族と一緒に居たい。ヤダ、絶対に死にたくない」

「出来れば〝逆縁〟や〝事故〟だけは避けたいけど、病気も含めて『寿命』は仕方ないサ。どうせ百パーセントみんなアッチに逝っちゃうんだから、良寛さんの『死ぬ時節には死ぬがよく候』だよ。戒名も葬式もなし、オレは〝直葬〟で送ってもらえればそれでいいよ。残された家族に負担をかけたくないからネ」

「そんな話、家族にしたことあるの？」

「あゝ」

「そしたらナンて？」

『『ハイ、ハイッ』って。ホントに解ってンのかどうか知らないけど、『縁起でもない！』って言われるよりましかナ」

いつもの歩きながらの「戯言《ざれごと》」ではあるが、私は本気でそう考えていた。人間ドックにも行かず、降圧剤も飲んだことがない。健診で血圧が引っかかり、委託会社の若い女性の担当者から〝生活指導〟とやらを受けた。

「一週間に一日だけでも休肝日を設けましょう」

「ムリです！　一日の終わりの唯一の愉しみで〝生き甲斐〟ナンです。そんなに、〝浴びるほど〟飲んでいるわけじゃありません」

「じゃあ、せめて毎日、〝最後のもう一杯〟を控えられませんか？」

「それなら出来るかも！」

気の毒に、担当者には大変申し訳ない〝患者〟である。そもそも、政治的圧力団体としての医者の集まりに不信感を抱いている私ではあるが、正直なところ、精密検査の数値に一喜一憂するような生活だけは送りたくなかった。どうもそれだけで免疫力が一気に低下してしまうような気がするのだ。他の病気ならともかく、「癌」でメスは入れるつもりはないし、少なくとも「抗がん剤」はご遠慮申し上げようと思っている。痛いのは苦手なので、「モルヒネ」だけはお願いしようと思っているのだが、渥美さんはそれさえ拒否したそうである。最後まで「心の粋」に殉じた渥美さんらしい話だが、さすがに、とてもそこまではマネ出来そうもない。贅沢を言えば、「その日」まで好き嫌いなく腹七分目に何でも食べ、適度に運動し、旨いお酒がいただければ、それ以上望むものは何もない。家族に迷惑をかけたくないので畳の上で死にたいなどとは言わないが、病院のベッドの上で〝管まみれ〟になってこの世とオサラバすることだけは勘弁してもらいたい。

海岸線に出ると、〈聖地空海修行地〉の看板と〈修行御座石〉と書かれた札があり、その下に「不動岩」があった。春の日の穏やかな波が岩に寄せつ離れつする様子を眺めながら、しばし当時に想いを馳せた。寄り道して良かった。

「不動岩の裏で、太平洋を眺めながら、すこし早いがお弁当を食べる、容樹《アコウ》の葉を数枚摘む」

「御飯前、一杯ひっかけずにはいられないので、数町も遠い酒店まで出かけた、酒好き酒飲みの心裡は酒好き酒飲みでないと、とうてい解るまい」

「生々死々去々来々、それでよろしいと思う」

『遍路日記』

「道の駅キラメッセ室戸」まで歩き、ギリギリ間に合ったバスで「奈半利駅」を目指す。そして、「奈半利駅」前から村営バスに乗り換え、元副知事に勧められた北川村役場に向かった。バスは奈半利川に沿ってどんどん山の中に入って行き、車内まで碧く染まってゆく。途中、「モネの庭」の前を通ったが、遍路旅にとってさして興味をそそるものではなかった。が、あとで調べてみると、フランスの「ジヴェルニー」にある本物の「モネの庭」から正式に名称使用を認められ、監修を受けた庭であるという。なるほど、関西ナンバーの車が駐車場にたくさん並んでいた理由がわかった。

北川村役場に寄り、元副知事の親戚という総務課長さんにお会いしたあと、中岡慎太郎の生家に立ち寄った。大庄屋の長男として生まれた慎太郎は、窮地に陥った村人を救うために藩と必死の交渉を重ね、飢えた村人には米を配り、後々のためにと柚子《ゆず》栽培を奨励したという。どうやら、龍馬とはだいぶタイプの違う男だったようである。

豪胆な龍馬と緻密な民政家でもあった慎太郎。だからこそ、この二人の絶妙な組み合わせが「明治の御一新」を早く呼び寄せたのかも知れない。地元で尊敬を集め、生きていれば明治政府で活躍したであろう中岡慎太郎と、司馬遼太郎氏に、「（社会から）はみ出たでしょう。よく土佐の人は龍馬が生きていたら無茶苦茶して汚職か何かするんじゃないかと言いますが、それはともかく、龍馬の遺産を賢く継いで岩崎弥太郎が三菱をおこしますが、龍馬なら三菱はおこさなかったでしょうね……アメリカに行ったかもしれないなあ。多少の哲学性と思想性もありますから、アメリカに行けば通用します」（『司馬遼太郎歴史歓談Ⅱ』中央公論新社）と評されながらも、いまだに日本人の心のあいだに深くつき刺さってくる坂本龍馬と、二人の輝く姿を見てみたかったとつくづく思う。

奈半利川を見下ろす丘の上に、旅姿の中岡慎太郎の像が碧い山々に囲まれてひっそりと建っていた。

「アッ、なるほど。中岡も石原さんも同じ『慎太郎』なんだね」

フクショウからそう指摘され、初めてそのことに気がついた。


その日は、駅前のビジネスホテル「なはり」に泊まった。昔は、奈半利の港には遠洋漁業の船が続々と停泊し、街の歓楽街も大いに栄えたそうであるが、今はその面影はない。

今日は外を出歩くのは止め、ホテルのレストランで〝土佐尽くし〟をいただくことにした。カツオのたたきを肴に、今日も土佐の地酒が滲みる。

電車、バスを乗り継いだ一日であったが、それでも十五キロ歩いていた。


「奈半利町行乞、町に活気がないだけそれだけ功徳も少なかった、土佐日記那波の泊の史跡である」

『遍路日記』

よもやの熱射病

〔五月一日(金)　晴れ(夏日)〕

朝六時にホテルを出る。今日から五月。家々には、高知らしく鯉のぼりとともに大漁旗を模した旗（「フラフ」）が翻っている。

〈高知まで五十四キロ〉の標識を過ぎて、土佐くろしお鉄道ごめん・なはり線の「奈半利《なはり》駅」に向かう。駅のホームで中年のご夫婦から話しかけられた。お遍路姿をしているとよく話しかけられるが、これもまた嬉しいことである。

「ご苦労様です。どちらからですか」とご主人。

「東京と、そして私は横浜からです。昨日、中岡慎太郎館や生家を見て。それにしても、この辺りは柚子の栽培が盛んなンですね」

「うちはオクラ農家ですけんど、柚子も栽培しちょります。元々は大阪で働きよったですが、定年で女房の実家を継ぐことになって、今は農家ですきに」

中岡慎太郎が奨励した柚子栽培が今も連綿と続いている。

鯉のぼりとともに大きな旗も

「大阪はどちらですか？」

「天王寺です。動物園の近くですきに」

「あゝ、ジャンジャン横丁の近くですね。私、串カツが好きで『ダルマ』にも行きましたよ」

「いやァ、まっことよう知っちゅう」と笑う。マニアックな話にフクショウが呆れる。見知らぬ人と、いきなりこういう会話を交わすことが出来るのも、お遍路ならではである。

ホームに入って来た六時三十一分発の列車は、派手なタイガース模様であった。毎年、安芸キャンプで訪れる阪神タイガースの応援なのだろう。車窓から早朝の光り輝く海を眺めている間に、「唐浜駅《とうのはま》」に着いた。ご夫婦とは手を振って別れ、駅舎を出る。


《がばがばと音おそろしき鯉のぼり》（風天六十八歳）


線路の高架をくぐると、「よさこい秘話」の由来を書いた看板があった。このお遍路のあと、弥次喜多二人のカラオケの締めの一曲ともなったペギー葉山のヒット曲『南国土佐を後にして』にも出てくる『よさこい節』の一節、〈♪土佐の高知のはりまや橋で～坊さんかんざし買うを見た〉の元となった話である。

三十一番札所「竹林寺」の指導僧であった「純信」が二十歳も年下の「お馬」に惚れ、駆け落ちのために買ったのが例のかんざしだという。取り調べの末に純信は追放、そしてお馬が働き始めた旅籠がこの辺りにあったという。その後、純信が連れ戻しに来たものの既にお馬の気

27番札所神峯寺

はるばるやって来ました！

持ちは冷めており、再び純信は捕らえられた、という顚末らしい。お馬は、一家で引っ越した東京滝野川で明治三十六年に亡くなったと書いてある。あの歌が史実であり、しかも東京に縁があったとは驚いた。龍馬の妻「おりょう」のお墓が横須賀にあることと合わせ、めぐり合わせとは不思議なものである。ちなみに、おりょうの墓碑の建立にも、室戸の中岡慎太郎像に揮毫を寄せた田中光顕が深く関わっている。

しばらく歩いて行くと、草っ原の真ん中に鳥居が立っており、石柱に〈百度石〉と書かれている。三菱財閥の創始者岩崎弥太郎の母が、息子の出世を祈願するために自宅から「神峯寺」までの往復四十キロを二十一日間で百回往復したという。気高き母の愛ではあるが、こう次々に「史話」が目の前に現れては、気になってお遍路が前に進まない。恐るべし、四国の遍路道である。

最後に「真っ縦」と称される四十五度勾配の遍路転がしの急坂を上ると、一時間強でやっと二十七番札所「神峯寺《こうのみねじ》」（安田町）に到着した。思いのほか、手ごわい坂道であった。それにしても、弥太郎の母御が自宅からここまで百往復するとは、子を想う母心の深さというものは計り知れない。境内には冷気が漂い、眼下に太平洋の大海原が広がる。本堂でお題目を唱えていると、太平洋を渡り木々を通り抜けてくる風が汗ばんだ身体に心地いい。

山を下りると、まだ五月だというのに、直射日光がカーッと強い。後日乗ったタクシーの運転手さんから、「五月の高知はもう真夏ですきに、侮ったらいかんちゃ。〝エライこと〟になりよりますす」と言われたが、このあと、実際に〝エライこと〟になったのであった。

再び「唐浜駅」から列車に乗り、「安芸駅」で乗り換えて「のいち駅」に向かう。「のいち駅」を出たときには、夏めく候とはいえ、既に気温は二十八度まで上昇していた。二キロ先の二十八番札所「大日寺《だいにちじ》」（香南市）をお参りし、木々に囲まれた境内でホッと一息つく。

そしてそれは、次の二十九番札所「国分寺」に向かっているときだった。

物部《ものべ》川を渡って遍路道を進むが、田んぼに囲まれた平坦な道は、行けども行けども、どこにも陽を遮る場所がない。水を張った田んぼの照り返しがキツく、帽子を被っていなかった私は次第に頭がボーッとしてきた。とにかく前へ前へ、日影を探して歩き続ける。そろそろ昼も近づきお腹も空いたが、食事はもとより、一休み出来そうなところがまったく見当たらなかった。徳島でのお遍路第一日目も腹ペコで歩いたが、あのときは小雨模様、五月の高知はカーッと陽射しが違う。フクショウから聞いた話では、そのとき私に何を話しかけても反応がなく、ただひたすら下を向いて無表情で歩いていたのだという。私にすれば、恐らく朦朧《もうろう》とした頭ながらとにかく足を動かさなければという思いだけで、話しかけられた記憶もない。

《うなじに陽やきついてありじごく》（風天四十六歳）

そう言えば、山歩きをしていた頃もフクショウは必ずスポーツドリンクを肌身離さず持っていたし、お遍路の途中でも常に水分補給していた。一方、私はと言えば、昔から敢えて水分を取るという習慣がなく、「焼山寺」の山道でも、たまたま途中で見かけた販売機で水のことを思い出したぐらいである。

「もうダメだ！」とさすがに限界を感じたとき、田んぼの遥か向こうの街道沿いに、幟《のぼり》がはためく小さな小屋らしき建物を見つけた。気力を振り絞って近づくと、幟に〝てんぷら〟の文字が見えた。

「フクショウ、アレは天丼かナンかのお店じゃないか？」

「助かった！」

しかし、近寄ってみると、幟には「芋てんぷら」と書かれており、基本的には持ち帰り専門の小屋のようなお店であった。開け放たれた窓から中を覗くと、この辺りの名物なのだろうか、おばさんが首から手ぬぐいをかけ、一人でさつま芋を油で揚げている。しかし、徳島第一日目の金柑と同じで、たとえ炎天下に熱々の芋天であっても、腹ペコ遍路にはとっては何ものにも代えがたい。

「すみません、芋天をください」そして、何よりも先にまず水を頼まなければならないのに、出て来たひと言は、

「ビールありませんか？」

我ながら業が深い。そして、店先の長椅子に「ハアーッ！」と倒れ込むように座り込むと、一缶三五〇円也の缶ビールを喉に流し込む。

「ウ、旨い！」一気に二人で四缶を飲み干した。身体にいいわけがない。

「もう一つお願いします」さすがにフクショウが呆れる。

「えっ？　ここで缶ビール頼む人あんまりおらンきに、もうないがやけン。ちょっと待っちょって」そう言うと、何やら冷蔵庫をゴソゴソやっている。

「これ、私のやけど、よかったらどうぞ」そう言うと、楽しみに冷やしておいたのか、冷蔵庫の奥から発泡酒を取り出してくれた。

「いいんですか？　申し訳ないです」礼を言い、三五〇円を渡した。発泡酒で三五〇円はちょっと高いような気もするが、わざわざ分けてくれた大切な個人用である。すると、我々の様子がよほど哀れに思えたのか、お昼に食べようと思っていたらしい自分のコンビニ弁当をサービスで出してくれた。

「かまわんきに、食べて！」暑い陽射しの中で熱い芋天を食べていた我々には、その心遣いが身に染みた。思えば、これもまた〝お接待〟なのかも知れない。

「こりゃあ、まっこと美味いが！」最後にやっと水を頼み、丁重にお礼を言って店先を出た。

校庭のベンチに座り込む

高知もまた、温かかった。

さすがに以降は反省し、「まず水！」を心掛けるようになった。

「国分寺」まであと少しであったが、炎天下の空きっ腹にいきなりビールを流し込んだあとはさすがにへばり、途中、小学校の校庭に木陰のベンチを見つけると、またして「フーッ！」と座り込んでしまった。開放的な校庭ではあったが、白装束を着ていなければ不審者と見られても致し方ない。へたり込んだ我々の耳に、子どもたちの声が運動場を渡って聞こえてくる。音楽室からだろうか、ピアノの伴奏に乗って歌音も響く。火照った身体に心地いい風が吹き抜け、完全に時間が止まっていた。数日前までの慌ただしい日常が、遠い過去の出来事のように感じられる。こうして三十分ほども座り込んでいただろうか、

「なあ、もうそろそろ行かないか？」フクショウから促され、やっと重い腰を上げる。

国分《こくぶ》川を渡り、やっとのことで二十九番札所「国分寺《こくぶんじ》」（南国市）に辿り着いた。二十八番札所「大日寺」からの約八キロを、結局三

29番札所国分寺

時間近くもかかったことになる。柿葺《こけらぶ》きの本堂を参拝して気を取り直し、次の三十番札所「善《ぜん》楽寺《らくじ》」（高知市）までの約七キロを目指す。

「午後はひたすら高知へ強行した、申訳ないけれど、第二十八番、第二十九番は遥拝で許していただく」『遍路日記』

《ほうかごピアノ五月の風》（風天四十六歳）

国分川沿いに歩いていると、「アレ、ナンて読むんだ？」とフクショウが〈標識〉を指差す。「地図帳」で確認すると、どうやら「岡豊城《おこうじょう》」と読むらしい。四国の覇者、長宗我部元親の居城跡である。廃城となったため、当時の遺構がそのまま残っているらしい。「寄ってみたいけどなァ」しかし、時間も体力も、そして気力もなく、小高い丘を遠目にしながら二時間かけて何とか歩き切った。さすがに疲れ果てた。

「善楽寺」には山門がなく、いつの間にか境内に入り込んでいた感じである。既に五時を過ぎていたのでお参りは翌日に回し、予約しておいた「レインボー北星」という洒落た名前の民宿に電話すると、親切にも迎えに来てくれるという。歩き疲れていただけにありがたい。何でも、今日は「別館」に泊めてくれるそうだ。四万六三七三歩、結構歩いていた。

色々あった一日であったが、まだ〝落ち〟が残っていた。

連れて行かれた「別館」は、生活感溢れる普通のアパートの一室であった。何でも、民宿を営んでいた叔母さんが急に倒れ、甥御さんが予約済みのお遍路さんを代わりのアパートに案内してくれているのだとか。通された部屋を見て驚いた。まだ陽が高いというのにすでに布団が敷かれ、それも親切にも二つピッタリとくっつけてある。

「オイオイ！」慌てて布団を離し、カーテンを開けると、すぐ隣のアパートのベランダには洗濯物が翻っている。

「ナンか〝愛の逃避行〟中のカップルが泊まる部屋みたいだなァ。オレたちゃァ〝純信とお馬〟か」

「やっと二人っきりになれたネ」と私。

「気持ちのワリイこと言うなよ」フクショウが本気で嫌がっている。

「今晩、何かお飲み物を用意しますか？」甥御さんが訊く。

「そうですねえ、ビール大瓶一本と、お酒が一人二合ぐらいあれば」

「わかりました。申し訳ありませんが、先に会計をお願いします」

そして、甥御さんは、軽自動車を運転してどこかへ行ってしまった。

狭いユニットバスに交互に入り、尾籠《びろう》な話ながら〝お尻〟の処理をするフクショウに、「オイオイ、オレの頭の上でやるなよ！」と布団に寝転がりながら文句を言う。道中、ビジネスホテル以外に温水洗浄便座があるところなどまずなく、その度に苦労しているようだ。しかし、それにしても何たる〃純信とお馬〃であろうか。

しばらくすると、軽自動車が戻って来て夕食をテーブルに並べてくれる。ご飯はお代わりしなくていいように山盛り、ビール大瓶一本、そして、何か他のものが入っていたような花柄模様の大きなコップに、一升瓶から酒がなみなみと注がれる。

(まあ、お腹に入れれば一緒だ!)

「明日の朝、食器を外の台の上に乗せておいてください」

そう言い残すと、また軽自動車でどこかへ消えて行ってしまった。フクショウと顔を見合わせて苦笑しつつ、台所のシンクの前に据えられたテーブルで〃愛の逃避行〃を祝った。

菅笠かぶって桂浜

〔五月二日(土) 晴れ〕
早朝、食器を片付けて出発しようとすると、甥御さんが来て「気持ちです」とおにぎりと〃ぶんたん〃を持たせてくれ、「善楽寺」まで送ってくれるという。心遣いがありがたい。何か不思議な宿ではあったが、後々語り草になりそうな愉快な一夜であった。
今日は一日中歩くことになりそうだが、朝から気温もだいぶ高めである。改めて三十番札所

「善楽寺」をお参りし、昨日の熱射病に懲りて門前で菅笠を買う。被ってみると、陽を遮り、笠を吹き抜ける風がまことに涼しい。体力の消耗も格段に少なそうだ。こんなことなら、早く被ればよかった。お遍路の菅笠は、決して格好だけではなく、特に初夏の高知においては必須アイテムだと悟った。その代わり、強い風が吹くたびに菅笠を手で抑える必要があり、まるで山頭火か、昔の〝股旅もの〟の映画に出て来る些か情けない弱っちいヤクザのようである。

「イザワさア、高知に来る前にネ、友達が『まだお遍路やってんの？　今どの辺り？』って訊くんだよ。だから、『今度いよいよ三十四番札所だよ！』って言ったんだ」

「そしたら？」

「『えっ、全部で八十八ケ所だろ？　三年もかかってまだそんなとこか』だって」

「冗談じゃないよ、自分の足で実際に回ってみろってンだよ！」

「ナア！」

「ナア、全然わかってないよ」

しかし、傍から見ると、まあそんなものなのかも知れない。

「善楽寺」から三十一番札所「竹林寺《ちくりんじ》」（高知市）までの約七キロを二時間、菅笠のお陰で快適に歩いた。

山の上にある「竹林寺」の境内は瑞々しい苔に覆われ、落ち着いた雰囲気であった。五重塔が聳え、鎌倉時代の禅僧、夢窓疎石

31番札所竹林寺

作といわれる庭がある。その名の通り、竹林が太陽を遮り、心地いい風が吹き抜ける。隣接して、植物学の父と言われる牧野富太郎の「記念館」と「植物園」があったが、そのときは、彼が如何に日本の植物学の発展に寄与した偉大な人物かという知識もなく、時間の制約もあって通り過ぎた。北川村の「モネの庭」と同じく、あとになって残念な気持ちが募る場所である。

「竹林寺」から山道を下って少し遠回りし、「武市半平太旧居」に立ち寄った。現在は個人宅になっており、外観だけ拝見させてもらう。

「石土池」を過ぎ、約一時間半で小高い丘の上にある三十二番札所「禅師峰寺《ぜんじぶじ》」（南国市）に到着した。足かけ三年、確かに長い「遍路旅」ではあるが、この辺りまで来ると、少しは先が見えてきたような気がする。

ちょうど昼どきだったので、近くの食堂に寄った。最初に水を所望すると、

「お水なら、あのサーバーで自由に飲めますきに」

「オッ、いいねえ」

弥次喜多二人、若い女の子の高知弁に顔がほころぶ。

次の三十三番札所「雪渓寺」をお参りする前に、「桂浜」の龍馬像に会って行こうということになった。中岡慎太郎に会って龍馬に会わないという手はない。

「地図帳」を見ると、「浦戸大橋」を渡って行くしかないようだ。橋の登り口を探して「種

歩いて渡った浦戸大橋

崎」の街を歩く。やはり魚屋の店先にはウツボが並び、「津波避難塔」を過ぎると、台風の多い高知独特の「土佐漆喰」や「水切り瓦」のある家々が続く。しかし、全長一・五キロもある「浦戸大橋」の〝裾〟が長過ぎて、いくら探しても入り口がわからない。どうも同じところをグルグルと歩き回っているような気がする。「地図帳」で確認するものの、本来の「遍路道」から外れているので、今どのあたりを歩いているのかよくわからない。

「浦戸湾」に面した「種崎」は、本来、龍馬ときわめて関わりの深い場所である。姉の乙女と舟を漕いで通った「川島家（下田屋）」は、龍馬が世界に目を開くきっかけとなった。そしてその隣の「中城家《なかじょうけ》」には、晩年、帰藩の折に潜伏している。ゆっくり散策してみたいところなのだが、次第に焦ってきてそれどころではない。あとになってフクショウから、

「〈中城家跡〉っていう案内板があったよ」と言われ、「ナンで教えないんだよ！」とむくれたものの、それは八つ当たりというものである。

　ところが、やっと探し当てた入口から渡り始めた「浦戸大橋」は、どうも基本的に車優先の構造らしく、歩道の幅は数十センチ

ぐらいしかない。真横を車がビュンビュン通り過ぎ、海面から五十メートルもある橋の真ん中付近で思わず立ちすくむ。

「オイ、ここ、どうもふつうに歩いて渡る橋じゃないナ」

そして、何とか橋を渡り終え、広い駐車場を横切ってやっと「桂浜」に辿り着いた。しかし、ここまで歩いて来る人など皆無のようであり、ましてやお遍路姿は我々二人だけであった。如何にも浮いていることこの上ない。

二日前に、「桂浜」の向こうに遥かに霞んで見える「室戸岬」でただ一人太平洋を睨む中岡慎太郎像に会ってきただけに、五月の連休中とはいえ、アイスクリーム屋が並び観光客だらけの龍馬像は、想像していたイメージとはだいぶ違っていた。場違いな弥次喜多二人、「桂浜」で茫然とたたずむしかなかった。

「イザワァ、陽も傾きそうだし、もう行こうよ」

「そうだナ、行こう！」私も、一刻も早くこの喧騒から抜け出したかった。

寄り道でだいぶ時間をロスしたので、「遍路道」を探して先を急ぐ。後ろを振り返ると、浦戸湾の入り口に浦戸大橋が高く聳え、赤い夕陽に染まりつつある。

「アソコを渡ったのか！」

陽に焼けた我々の顔も赤く照らされ、龍馬を感じながら、ただひたすら新川《しんかわ》川沿いを歩く。次第に口数も少なくなっていき、得意の「♪ミミズの歌」の出る暇もない。最後に小さな橋を

茫然と浦戸大橋を振り返る

渡って、午後六時、這うようにして三十三番札所「雪渓寺《せっけいじ》」（高知市）の門前に辿り着いた。人混みから離れ、静かにたたずむ札所の雰囲気が懐かしく、心底ホッとする。お参りは翌日にして手だけを合わせ、門前にある民宿「高知屋」に飛び込んだ。今日も長い一日であった。

「桂浜、がっかりしたナ」とフクショウにビールを注ぎながら溜息をつく。

「まあ、それだけ期待が大き過ぎたんだよ。観光地ナンだネ」

「だったら、『種崎』の街をもっとゆっくり歩くんだったなあ、ナンてネ。まあ、桂浜は一度見ておきたかったし、それはそれで良かったよ。やらずの後悔よりやってみての後悔さ。明日を乞うご期待！」

「桂浜には寄ってみましたか？」夕食で同席した他のお遍路さんにも訊いてみたが、寄り道をした歩き遍路さんは誰一人いなかった。

カツオのたたきを肴に、今日も高知の地酒が旨そうだ。四万四九三五歩、妙に疲れた一日であった。枕に頭をつけると、いつものように即刻爆睡に入ったが、夢うつつの中でまだ浦戸大橋を渡り続けているようだった。

やっと龍馬像に会えたが……

龍馬の休日

〔五月三日(日)　曇り〕

朝、雪渓寺の境内を散歩する。

お遍路さんや観光客の姿が見えない早朝、一人静かに境内を散歩するのは何ものにも代えがたい贅沢なひとときである。昨日、浦戸大橋の袂《たもと》で見かけた青年のお遍路さんが、真っ黒に陽焼けした顔で野宿道具一式を背負い、片足を引きずりながら階段を登って来た。あのまま、近くの公園でテントを張ったのだろう。

「お疲れさん！　がんばってネ」

幾つぐらいだろうか、はにかむような笑顔を私に向け、青年は本堂に向かった。皆、それぞれのお遍路である。

「脚のいたさも海は空は日本晴」『遍路日記』

雪渓寺には、運慶作の本尊薬師如来像や子の湛慶作の仏像もある。四国には、重要文化財級の仏像がごろごろ転がっている感じがする。階段の先に、龍馬の少年時代の剣の師、土居楠五

郎の墓碑があった。（ここで龍馬に会えるとは）

境内の裏手に回ると、豊後の戸次川《べつぎがわ》で島津勢と戦って討ち死にした長曾我部元親の長男、信親の墓があった。信親の死は、元親のその後を狂わせた。明智光秀の信長に対する謀反も、最近では「取次ぎ」の関係にあった長曾我部元親の追討を命じられたことを主因とする説が有力のようである。とにかく、「遍路道」にはそこかしこに「歴史」が横たわっており、「歴史」好きの私は、道々、色々な思いを巡らせながら歩くことになった。

『愚者は経験に学び、賢者は歴史に学ぶ』という言葉がある（ビスマルク）。その「歴史」に「イフ」はないと言うが、私は、あってもいいような気がする。「歴史」として残ったものは、〝偶然〟の結果に過ぎないのかも知れない。それを勝者が書き換え、さらに後世の人々が書き重ねていったものなのだろう。

それに、長い間「組織」で働いていると、たった一人の英雄だけが歴史を創るはずがないということを実感として感じる。その裏で有能な部下たちが論を重ね、お膳立てし、ときに諫めた結果が、たまたま「歴史」として残ったのだろう。もちろん、その英雄《トップ》に、人を用いる「力量」と「判断力」が備わっていることが前提条件なのだろうけれど。

司馬遼太郎さんが未だに多くの読者から支持されるのは、ただ文献を読み込むだけなく、その裏を読み取り、現場に行ってしばしたたずみ、現在と寸分違わぬ生身の人間がそこから立ち上がって初めて「史実」を捉えようとする、その態度なのではないだろうか。最近では、歴史学者の磯田道史氏に同じスタンスを感じている。いや、この辺にしておこう。「寅さん」から、

龍馬の生まれたまち記念館で

坂本家墓所

「てめぇ、さしずめインテリだな」と〃小バカ〃にされそうである。

渥美さんは、句会においても、

「大学出だね。インテリだねえ」

とタイミングよく合いの手を入れ、皆を沸かせていたという。渥美さん一流の精一杯のサービス精神だったのだろう。

朝食を済ませてから正式にお参りし、高知市内に向かった。今日は、フクショウに私の我儘を聞いてもらい、「一日龍馬デー」にしてもらったのである。その日宿泊予定のビジネスホテルに荷物を預け、「いざ、龍馬に会いに！」。

京都で龍馬の足跡を辿ったことがあるだけに、高知は愉しみにしていた。逸る気持ちを抑え、まず「龍馬の生まれたまち記念館」へ、そして、「龍馬生誕地」、「河田小龍塾跡」、「日根野道場跡」、「才谷屋跡」を巡り、乙女に泳ぎを習ったという鏡川の河原に出てみた。残念ながら、司馬遼太郎さんや磯田道史氏のように生身の竜馬が立ち上がってくることはなかったが、長年の夢が叶い、満足であった。さらに、「板垣退助」や「後藤象二郎」誕生地などを回り、今日の最大の目的地を目指す。散逸を懸念した市によって「史跡公園」にまとめられているという、「坂本家墓所」である。しかし、一般の旧跡と違い、お墓というのはなかなかわかりづらいもののようで、地元の人に何遍も訊ねながら、やっと辿り着くことが出来た。

住宅地に囲まれ、やや小高い場所に安置されたお墓には、龍馬の両親や兄の権平、姉の乙女などの名前が刻まれた墓石が整然と並べられていた。シーンと静まり返った午後、じっと手を合わせる。京都の龍馬と中岡慎太郎の墓所を訊ねたときも静かな朝もやの中であった。確かに、ここにも「歴史」があった。もう一度手を合わせ、墓所をあとにする。

このあと、「日本三大がっかり」の一つとも言われる「はりまや橋」に寄って〝純信とお馬〟に思いを馳せ、高知城にも登って思いのほか感激する。

「高知城観覧、その下でお弁当をひらく、虱をとる、帰宿して一杯、そして一浴、鬚を剃った、ぽかぽか──ぼうぼう」

『遍路日記』

夜は、龍馬が最期に所望したという「しゃも鍋」で締めようとホテルのフロントに訊ねるが、意外にも「しゃも料理」を食べさせる店はほとんどないという。結局、「土佐海援隊」という、そのまんまの名前の店で「しゃも鍋」を肴に乾杯したのだが、元来、高知でしゃも鍋を食べる習慣はないようである。

とにかく、高知では、空港を降りた途端にココもアソコも龍馬だらけで、その商売上手に些か鼻白むところもないではないが、お遍路の途中で坂本家のお墓をお参り出来ただけでも何よりの収穫であった。こうして、土佐の第一歩は、無事に終了した。

〔五月四日(月)　曇り時々小雨〕

この日は、何も予定がなかったのでゆっくり起きようと思っていたのだが、「龍馬の休日」の興奮冷めやらず、明け始めたばかりの街をのんびりと歩いてみた。

観光客のいない高知市内はひっそりとたたずみ、いつもの素顔を見せてくれた。その分、昨日よりも龍馬を身近に感じるような気がした。

「高知龍馬空港」で、改めてフクショウと「土佐路」スタートの祝杯を上げようと思っていたのだが、相当にお尻の調子が悪いらしく、珍しく彼はノンアルコールとなった。アノ話、コノ話で大いに盛り上がろうと思っていたのだが、私一人で飲む酒はあまり旨くはなかった。

せっかく捻挫も完治したというのに、今回は、カツオのたたきに乗せられた生ニンニク攻勢が、相当に手強かったようである。

第5章

一年ぶりの再開

足摺岬を前にして

土佐路再び

前年二〇一五年の春に高知を回ったあと、十二月には東京都中小企業振興公社のタイ事務所のオープン、翌二〇一六年の四月には舛添都知事の公社事務所視察、そして引き続き知事を招いての伝統工芸品「東京手仕事」のイベントなど、お遍路の日程を確保することがきわめて難しかった。それらが一段落したところで、やっと四月二十八日から五月三日の連休を利用した五泊六日でお遍路を再開することにした。フクショウによると、今回は土佐湾沿いの長い距離を電車とバスで乗り継ぐ行程に相当頭を悩ましたらしく、ある意味〝難所〟かも知れない。現地で臨機応変に対応していくしかなさそうであった。

〔四月二十八日(木)　曇りのち晴れ〕

早朝、羽田空港でフクショウと待ち合わせる。今回は、機内持ち込みが出来ないポールは諦めたが、山道が多いことから足元はキャラバンシューズを選択した。

「お遍路、やっと再開出来るなあ。一年ぶりだよ。ところでどう？」

「あんまり芳しくないよ。神経痛は痛むしお尻もイマイチ」

決して、「絶好調！」の答えを期待しているわけではないが、相変わらずフクショウの返事は冴えない。しかし、捻挫した足で徳島を回り切ったぐらいだから、「あんまり芳しくない」ぐらいでちょうどいいのかも知れない。

「ウーン……とにかく、生ニンニクだけは注意しろよっ！」

「高知龍馬空港」からとさでん交通のバスに乗り、「はりまや橋」で降りた。一年ぶりである。近くの「南はりまやバス停」でバスを乗り換え、「長浜」で降りると、すぐに「雪渓寺」である。「桂浜」からやっと辿り着いた昨年の情景を思い出し、やはり格別の懐かしさを感じる。昨年泊まった門前の民宿に、「ただいま！」と声をかけたくなる。時計を見ると、もうお昼近い。本堂で手を合わせてから近くの食堂で昼食をとり、さあ、お遍路再開である。

パラパラと雨粒が落ち、やや雲行きが怪しかったが、途中から薄陽が差してきた。暑さに要注意の高知とはいえ、やはり南国らしい太陽が恋しいし、気分も違う。久々のお遍路に心も浮き立たち、まだまだ足取りも軽い。約六・五キロを一時間半で歩き、今回最初のお寺三十四番札所「種間寺《たねまじ》」（高知市）に到着した。お参りを済ませ、次に向かう。

「種間寺」から三十五番札所「清瀧寺」までは約三時間の道のりである。ここは歩くしかない。久しぶりの十キロコースに気合が入る。

お遍路の魅力をひと言では言い表すことは難しいが、自然溢れる山道を歩く醍醐味や「寅さん」が歩いていそうな懐かしい里山の風景、そして、そこに住んでいる人をアレコレ想像しながら門前を抜けることも、また楽しいものである。

屋根ほどの高さのあるサボテンで覆い尽くされた庭、どういう趣向か玄関の真上に龍の首を飾り庭に鶏の模型を並べた不思議な民家、膝の上に孫を乗せたお年寄りが座っている縁側。聞こえてくるのは、子どもの泣き声やボリュームを上げたラジオの音声。そして、昼どきや夕方には、それぞれの家庭の献立の匂いまでが漂ってくる。お大師さんの足元で、一二〇〇年前と寸分違わぬ庶民の地道な日常生活が繰り広げられている。道路脇のお地蔵さんに手を合わせ、家々の前を通り過ぎる。


《遠くでラジオの相撲西日赤く》（風天四十六歳）


一時間ほど歩くと、清流仁淀川に架かる「仁淀大橋」が見えた。橋を渡り、フクショウの指示で「中島バス停」の時刻表を確認する。残念ながら翌日利用出来そうなバスはなかったが、病弱ながら、こういう彼の事前の綿密な下調べがなければお遍路を続けることは難しい。そこから車道を一時間、そして山道を四十五分ほど歩く。久しぶりに張り切って歩いただけに、さすがにしんどい。

「♪夕べミミズの鳴く声聞いた、あーれはオケラだオケラだよ」

アホらしくてバカにしていた歌が、勝手に私の口をついて出た。それから先、疲れるとどちらからともなく口ずさむようになり、いつの間にか我々弥次喜多の「♪道中歌」となってしまった。

山の中腹あたりまで歩き、やっと緑に包まれた三十五番札所「清瀧寺《きよたきじ》」（土佐市）に到着。階段を上がると、境内からは市中が見渡せ、風が木々の間を吹き抜けていく。既に夕方五時近く、何とか納経には間に合った。やはり、秋とは違い、春のお遍路は陽が高くて助かる。今日はここまで。三万八一六六歩の行程であった。

そこから一時間ほど下り、土佐市役所近くにある「ビジネスイン土佐」で一汗流し、階下の居酒屋「酒蔵」で疲れを癒した。久しぶりの土佐料理が懐かしい。しかし、フクショウは、カツオのたたきに乗せられた生ニンニクのスライスを一枚一枚剥がす作業に忙しい。よほど懲りたようである。


《風が吹くと、おしゃべり女のよう柳》（風天四十六歳）

足摺岬までの大移動

〔二十九日(金)　晴れ〕
今日は、バスの乗り継ぎが厄介なルートとなる。

35番札所清瀧寺

昨日確認したバス停は諦め、土佐市役所前から「ドラゴンバス」というコミュニティバスに乗る。この先、地域のコミュニティバスにずいぶん助けられることになるが、乗客はほとんどがお年寄りである。病院の間をグルグル回って行くので結構時間はかかるが、本来は歩くべき道、決して文句は言えない。お婆さんが、乗り込む前にまず手荷物をバスの床に放り出し、次に「よっこらしょ！」と手すりにつかまりながら身体を持ち上げる姿は、決して他人事ではない。三十分ほどで、「滝」というバス停に着いた。そこから四キロを一時間ほどで歩いて古びた山門をくぐると、鬱蒼とした森に囲まれた三十六番札所「青龍寺《しょうりゅうじ》」（土佐市）である。

元横綱「朝青龍」は、明徳義塾時代にこの寺でトレーニングを積んだことから四股名《しこな》に「青龍」の名を使ったという。お大師さんが唐から投げた「独鈷杵《どっこしょ》」がこの地の松の木に止まっていたことから、「独鈷山」の名がついている。境内には、三重塔やお大師さんの師に由来する「恵果堂」があり、鎌倉期の「愛染明王像」は国の重要文化財となっている。ご本尊は、お大師さんの帰国に際して「波切不動明王」が嵐から救ってくれたという故事から、「不動明王」である。なかなか由緒ある寺のようである。

ここから先が思案のしどころである。「朝龍寺」から次の三十七番札所「岩本寺」までは約六十キロ、徳島の二十三番札所「薬王寺」から高知の二十四番札所「最御崎寺」までの七十五・四キロに匹敵する距離である。歩けば十七時間、丸二日を要する。近くのバス停で時刻表を確認するが、やはり乗り継ぎは難しそうであった。決められた日程で愛媛まで辿り着くためには、ここで〝伝家の宝刀〟を使うしかない。最寄り駅まで、「タクシー」を飛ばすのである。遍路途中でタクシーを使うのは、これが初めてである。

「地図帳」を取り出し、近くのタクシー会社を探す。宿泊施設やタクシー会社まで網羅されていこの冊子は、まさに「歩き遍路のバイブル」である。

待つことしばし、やって来たタクシーが輝いて見える。

「歩くのは諦めてバスを乗り継ごうと思ったんですけど、やっぱり難しいですネ」運転手さんに話しかける。

「歩く？　そりゃあとても無理ぜよ。バスも何本も走っちょらんきに、この辺はタクシー使ってもらうしかないがやけん。ホラ、お客さん、アソコが野球で有名な明徳義塾ですきに」

タクシーは、「浦ノ内湾」沿いの「横浪スカイライン」を快調に飛ばす。なるほど、この距離を歩くのはとても無理のようである。しかし、タクシーの前方に、一人で歩くお遍路さんの姿が目に入った。やはり、いるのである。完全に脱帽である。それにしても、徳島の星越峠で出会ったあの野宿用の大きな荷物を背負った愛知のお遍路さんも、ここを歩いたのであろうか。いや、歩くしかないのである。弥次喜多二人は、ただただ「参りました！」と頭を垂れるのみである。

土讃線の「須崎駅」までタクシーで約一時間弱、料金は一万円近くかかったが、二人で割れば民宿一泊分である。ありがたい。「須崎駅」から「特急南風」で二十五分、「窪川駅」に着く。

ここは四万十町、次に向かう「中村駅」は四万十市。旅人には少々解りづらい。

駅からほど近い「四万十町役場」の前に小さな喫茶店があったので、昼も近いことからドアを開けた。注文を済ませて水を飲んでいると、お嫁さんらしき人に手を引かれたお婆さんが入って来た。

「お婆ちゃん、最近は何しゆうが？　元気にしちょったネ」お店の奥さんが話しかける。

「足がイカンちゃ。今、リハビリやりゆうきに」

「けんど、顔色はごっつうええきに。ここで美味いモンこじゃんと食べちゅうきなァ」

「ホンニなァ」

楽しそうな会話を聴いていると、ここでたまに食べるランチが何よりの愉しみらしい。

「イイねえ！」お年寄りに優しいフクショウが微笑んでいる（我々も十分に年寄りではあるが）。

四万十川上流の小さな街の小さな喫茶店。気だるく、しかし、確かで豊かな午後。今日も、日本の津々浦々で同じようにゆったりとした時間が流れていることだろう。

「おばあちゃん、達者でいいねえ。ご馳走さん、ココ置いとくよっ！」

トランクをぶら下げた「寅さん」が、今にもニッコリ笑って店の奥から出て来そうである。


《渡り鳥なにを話しにどこへ行く》（風天四十八歳）

「さて、行こうか」

食事が終わって我々も腰を上げ、歩くこと僅か十分、五〇〇メートルほどで三十七番札所「岩本寺《いわもとじ》」（四万十町）に着いた。落ち着いた雰囲気の境内に建つ本堂の天井には、全国の老若男女から寄せられた花鳥画やマリリン・モンローの人物画など、五七五枚が描かれている。これもまた、お寺の在り方の一つだろう。

ここ「岩本寺」から足摺岬にある次の三十八番札所「金剛福寺」までは距離にして八十七キロ、八十八ケ所で最長区間である。再び「窪川駅」からくろしお鉄道中村線の「特急あしずり」に乗る。「土佐佐賀」を過ぎると、明るく輝く太平洋の大海原が車窓に広がる。ダイナミックな風景に見とれているうちに、約四十分ほどで「中村駅」に着いた。駅前で高知西南交通のバスに乗り、いよいよ「足摺岬」を目指す。

《陽炎の向こうバスのゆれてゆき》（風天六十七歳）

対向車とすれ違うのがやっとの崖沿いの細い道を、クネクネと回りながら走る。木々の間から、海がまるで走馬灯のようにチラチラと見え隠れする。崖のすぐ横を通るたびにヒヤリとする。慣れた道とはいえ、さすがに上手いものだ。立ち止まってバスをやり過ごすお遍路さんに、「申し訳ありません」とシートに座ったまま頭を下げる。途中、ジョン万次郎の生家跡近くを通り、約二時間弱バスに揺られて「金剛福寺バス停」に到着した。いよいよここが「足摺岬」

である。

今日泊まる予定の民宿「ことぶき」にリュックを預け、さっそく三十八番札所「金剛福寺《こんごうふくじ》」（土佐清水市）をお参りする。

「室戸岬」とはまた趣の異なる太平洋の大海原が眼下に広がる。崖の先端に立つ灯台が陽を浴びて白く輝き、遥か崖下に白波が打ち寄せている。このお遍路で、一体何度太平洋に出合えたことだろう。どれも、いつまでも目に焼きつけておきたい風景であった。

足摺岬の灯台

「松はかたむいてあら波のくだけるま、」『遍路日記』

「室戸岬の太平洋には圧倒されたけど、足摺まで足を伸ばすと、また趣が変わるもんだなァ」フクショウは、今日も旨そうにビールを飲んでいる。

「そうだナ。しかし、お大師さんは千二百年も前に、どうやって室戸岬からここまで歩いて来たンだろうか」電車やバス、タクシーまで乗り継ぎながら、それでもヤットコサ辿り着いた我々の想像を、遥かに超えているのである。

高知最後の夜を、今日も土佐の地酒で締めた。明日は、いよいよ愛媛に入る。

四万十川

〔翌三十日(土)　晴れ〕

夜明け前に起き、海へ出てみた。

辺りはまだ薄暗い。「室戸岬」で見た朝焼けを、「足摺岬」でも体験してみたかった。灯台の上にはまだ青白い月が懸かり、沖合いには漁火が灯っている。太平洋の向こう側から少しずつ顔を覗かせる朝陽に手を合わせ、「誰に」ということもなく祈る。朝露を含んだような草の匂いと磯の香りに、遥々遠くまで来たことを実感する。宿に戻る道すがら、ジョン万次郎の銅像が少しずつ輪郭を表し、大師像の横顔にも朝陽が差し込む。静寂のひととき。

「旅空ほっかりと朝月がある」『遍路日記』

宿に戻ると、案の定、フクショウは腕枕でテレビのニュースを視ている。

「足摺の朝陽もそれは素晴らしかったよ。フクショウも散歩して来いよ。月も漁火も、まだ見えると思うよ」

「イイです、病弱だから。イザワだってテレビ視るンだろう？」

「視るよ、バラエティとドラマ以外はね。でも、ナンて言うかサ、ナニ喋ったって自由ナンだけど、コメンテーターっていうの？　元政治家とか学識経験者とか、それにタレントとか落語家とか。とにかくしたり顔でわかった風なこと言うような番組はどうもネ。人の揚げ足取ったり、ただ上から目線で世の中を批判するってのは苦手だナ。〃品〃って大事だよネ」

「アンタが言うか」

この日は少し余裕があったので、四万十川《しまんと》に寄って行くことにした。

七時十一分発のバスで「中村駅」に向かう。

（もう二度と「足摺岬」に足を踏み入れることはないかも知れないナ）と些か感慨に耽りつつ、木々の間から見え隠れする海を眺めている。不思議なもので、来るときはやたら長く感じたバスも、帰りはアッという間であった。


「中村駅」の近くでレンタサイクル屋の看板を見つけ、寄ってみることにした。

「自転車借りようぜ。どうせなら、二人乗りを借りてサ、あの映画みたいにランランラン♪ってのはどう？」

私が言うと、「絶対にイヤだ！」。その後、松本の梓川沿いを走ったときにも、二人乗り自転車を頑として拒否された。

朝の風を感じながら軽快に市街地を抜け、「四万十川橋（赤鉄橋）」を渡って反対側の山沿いの道を「佐田沈下橋」まで走った。

「いやァ、自転車も気持ちいいなあ！」

日本三大清流とも言われるさすがの四万十川であるが、上流域はともかく、全体としての透明度は吉野川の方が高いような気がした。多様さと支流の多さでは四万十川、清流度では吉野川だろうか。それにしても、〃仁淀ブルー〃で有名な仁淀川、鮎の泳ぐ鮎喰川、四国の川はどれも豊かで美しい。

「♪ランランラン　ランランラン」

結局、弥次喜多二人の口から出る歌のバリエーションはきわめて乏しいのである。

連休中ということもあって観光客の姿も多く、「佐田沈下橋」を早々にあとにした我々は、自転車を返してから再び「中村駅」に向かった。

「中村駅」からくろしお鉄道宿毛《すくも》線に乗り、「平田駅」で降りる。四十分ほど歩くと、三十九番札所「延光寺《えんこうじ》」（宿毛市）である。この延光寺が、高知最後の札所となる。土佐路を無事回り終えたお礼の気持ちを込め、ご本尊の「薬師如来」の真言を唱える。

カツオと酷暑と、そして広い広い『修行の道場』であった。

四万十川をサイクリング

峠を越えれば、いよいよ『菩提の道場』愛媛である。「延光寺」から次の四十番札所「観自在寺」までは約二十六キロ、歩けば八時間半の一泊コースである。愛媛の豊後水道沿いには札所が山中に点在し、お遍路を始めた当初から難しいコースになるだろうと覚悟していた。

「平田駅」まで戻って再びくろしお鉄道で「宿毛駅」まで行く。駅前で宇和島バスに乗り、「平城《ひらじょう》札所前」で降りた。遍路道のお地蔵さんに手を合わせ、約十分で四十番札所「観自在寺《かんじざいじ》」(愛南町)である。きれいに整備された境内を真っすぐ本堂へ向かい、手を合わせる。愛南町にある愛媛県最初の札所「観自在寺」は、徳島県鳴門市にある一番札所「霊山寺」からもっとも遠くに位置し、「四国霊場の裏関所」とも呼ばれている。「霊山寺」を出発してから足かけ四年、思えば遠くに来たものである。

遍路道のお地蔵さん

「観自在寺」から次の四十一番札所「龍光寺」までは約五十キロ、歩けば十六時間の行程である。今日はここまでにして、再びフクショウの指示で翌日のバスの時刻を確認し、田んぼに囲まれたビジネスホテル「青い国ホテル」にチェックインする。窓から愛媛の山々を眺めると、心なしかどことなく高知とは趣が違うような気がする。窓越しに、明日から歩く愛媛の札所に手を合わせる。

ひと汗流してからフロントの前でフクショウと合流する。愛媛で初めての夕食が楽しみである。街道まで出て、ホテルで教えてもらった郷土料理屋に入る。

　鳥料理や瀬戸内の幸を少しずつ並べ、日本酒の多かった高知から一転、久しぶりに栗焼酎と麦焼酎をロックで味わう。フクショウもカツオの生ニンニク攻勢から解放され、ホッとしている。

「三年目でどうにか愛媛まで辿り着いたなあ。イヤ、遠かった。札所の数が一番多いらしいよ。

『菩提の道場』もがんばらにゃいかんなア！」

（明日から、愛媛でもいいお遍路旅が出来ますように！）

郷愁

〔五月一日（日）　晴れ〕
　朝、六時にホテルを出る。「御荘《みしょう》」というバス停から六時四十六分発の「宇和島バス特急道後温泉行」に乗り、宇和島の「道の駅みま」で降りる。三十分ほど歩くと、四十一番札所「龍光寺《りゅうこうじ》」（宇和島市）である。山門の代わりの石の鳥居が珍しい。

お参りを済ませてから参道の茶店で休憩すると、以前お遍路に来たという元総理大臣殿の色紙が飾ってあった。当時の政権下で散々な目に会ったフクショウは、見るからに鼻白んでいる。元総理ともなると、然るべき警護者もついて来たのだろうか。お遍路に税金が使われていないことを祈るしかない。

それにしても、トラブルを抱えた芸能人や元スポーツ選手などがお遍路に挑戦したがるのは、一体どういう了見からだろうか。自分をもう一度見つめ直す？　世間に対するパフォーマンス？　あまり他人のことをとやかく言える弥次喜多二人ではないが、どうも素直に受け取れないのである。

次の四十二番札所「佛木寺《ぶつもくじ》」（宇和島市）までは一時間で着いた。聳える仁王門をくぐり、ご本尊の「大日如来」をお参りする。

「佛木寺」を出て洩れ日の中をしばらく歩いて行くと、ドイツ人の若い女性のお遍路さんと出会った。カタコトで話しかけると、お遍路目的で来日し、一人で遍路道を辿っているのだという。安全な日本とはいえ、言葉の通じない異国で、しかも山深い四国をただ一人歩く勇気とその強靭な意思に感服する。それに比べ、飲兵衛と病弱おじさん二人組の「弥次喜多へんろ旅」がやや情けなく感じる。

「オイッ、オレたちもあんまり弱音なんて吐いてらンないナ」

ドイツ人の若いお遍路さんと

彼女の多幸と無事のお遍路を祈り、手を振って別れた。

「ああ、まったくだ」

気合いを入れ直し、「道しるべ」に注意しながら二時間かけて一気に山道を下る。

「♪夕べミミズの鳴く声聞いた」久しぶりに「♪道中歌」が出る。

さらに車道を歩くこと一時間、岩瀬川を渡り、やっと今日の最後のお寺、四十三番札所「明《めい》石寺《せきじ》」（西予市）の山門に到着する。四十一番札所「龍光寺」から「佛木寺」、そして「明石寺」までほぼ山道を約二十キロ、五時間かけて一気に回ったことになる。想像通り、なかなか一筋縄ではいかない遍路道であったが、「区切り打ち」も五回目ともなるとだいぶ身体も慣れ、ペースもつかめてきたようだ。

太平洋から離れ、山道を抜けてこの辺りまで辿り着くと、微かに磯の香りが漂うような気がする。豊後水道のすぐ向こう側は大分県、空港のある国東半島が広がる。不思議に懐かしさがこみ上げてくる。

『男はつらいよ』第三十作「花も嵐も寅次郎」では、動物園の飼育員三郎（沢田研二）は、別府港のホバークラフト乗り場で、東京に帰る螢子（田中裕子）との別れ際、いきなり叫ぶ。

「ボ、ボクとつきおうてくれませんか」困惑する螢子。

「アレが惚れた相手に言うセリフかよ」

呆れた「寅さん」は、例によって〝恋の指南〟を始める。「別府鉄輪《かんなわ》温泉」で正月飾りを売

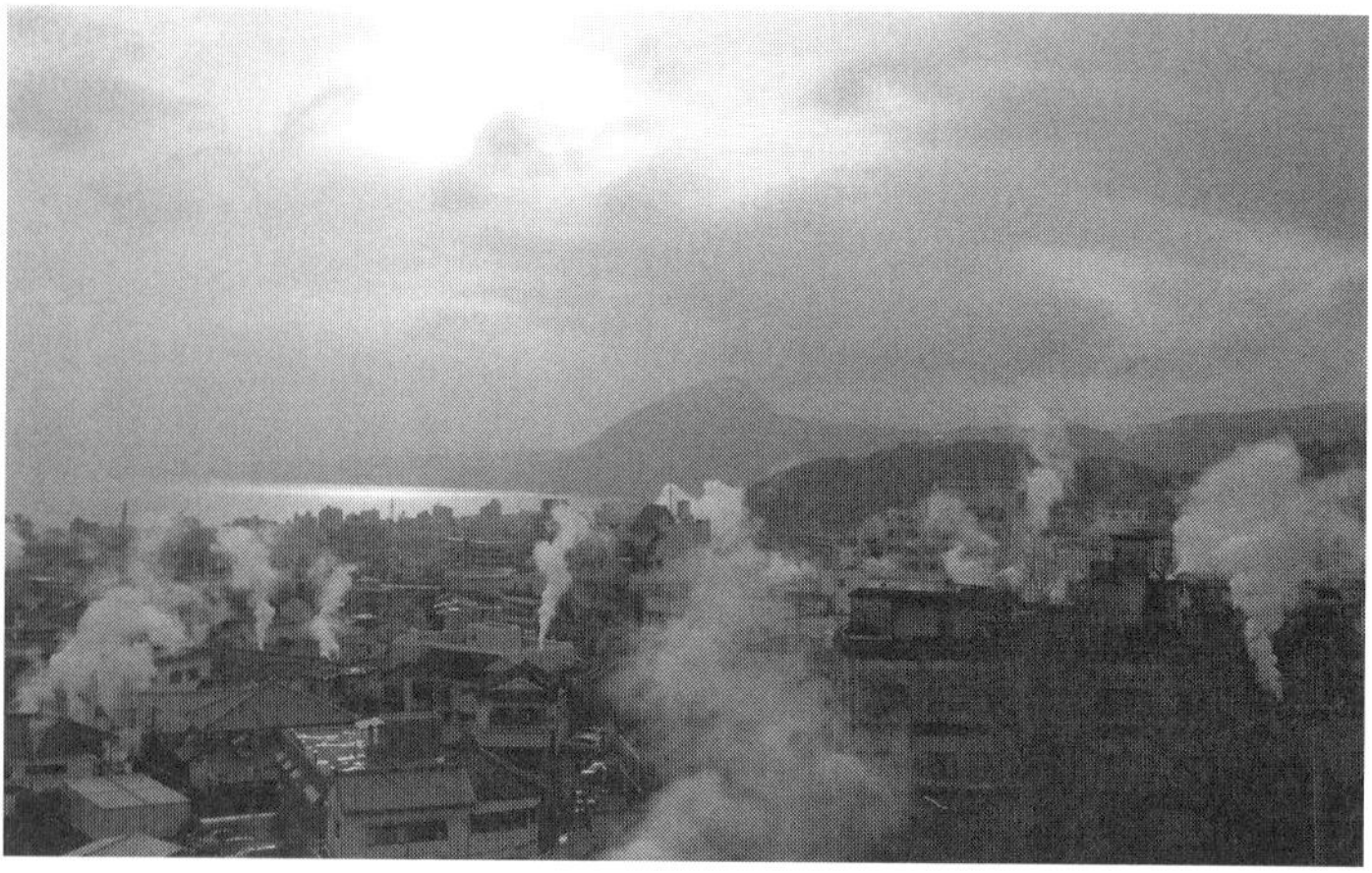

別府温泉の湯煙りと高崎山

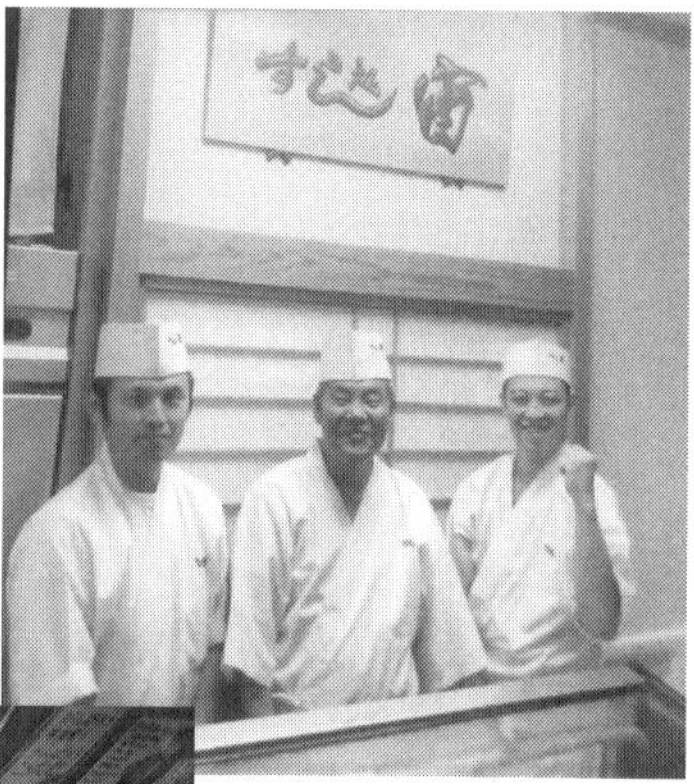

大分空港「すし処宙」
のみなさん

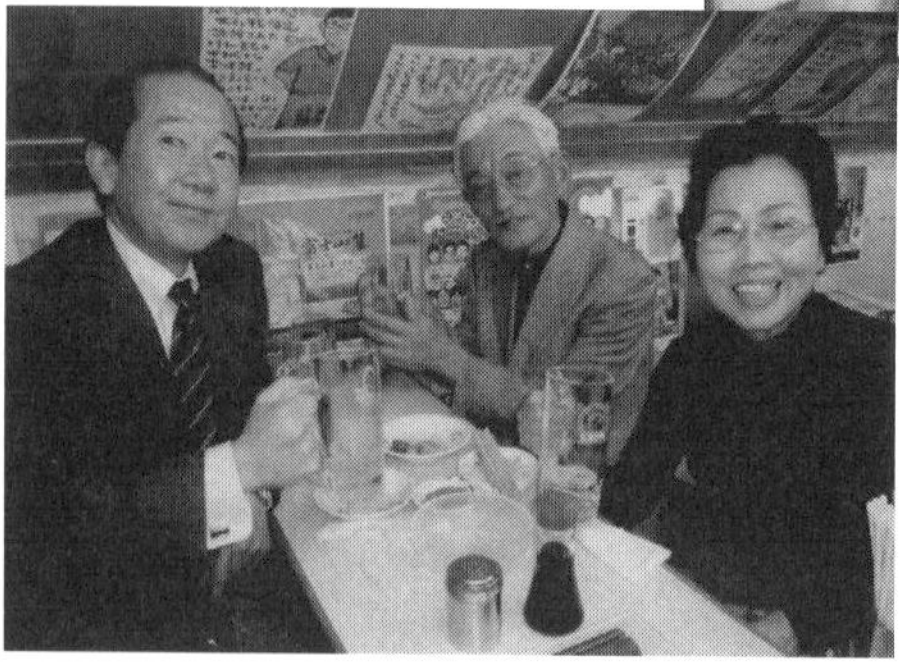

阪井さんご夫妻と
新橋のガード下で
（都庁勤務時代）

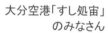

る寅さんの〝啖呵売《たんかばい》〟も懐かしい。

ふと、大分空港で「すし処宙《そら》」を営む旧知の利光さんに電話をしてみたくなった。フクショウにとっての〝心のふる里〟が徳島なら、私にとってのそれは別府温泉。旅館を営む両親の元に生まれ、幼少期を別府で過ごした。扇山と鶴見岳、そして別府湾の向こうには高崎山。湯けむり、硫黄の匂い、共同浴場に響く洗い桶の音。しかし、旅館を畳んで大分市内で炭鉱に「坑木」を搬出する材木業を始めた父親は、膨大な借金を背負うことになった。〝夜逃げ〟こそしなかったものの、苦労する両親の姿は覚えている。

残念ながら、福岡の炭鉱地帯で生まれた父親と長崎出身の母親の間に生まれた私には、大分に親戚が一人もいない。現在、九十半ばを過ぎた母親が大分市内の「天領ガーデン」という特別養護老人ホームに入居しているのだが、その母親の面倒を何かと見続けてくれているのが、長年、親戚のようにおつき合いいただいている阪井克則さん、ミスヱさんご夫妻である。コロナ騒ぎの前までは数か月に一度施設を訪ね、ご夫妻に近況を報告するのを常としていた。もう帰る家のなくなってしまった私にとって、ご夫妻を訪ね、幼なじみの赤峰映洋君夫婦と会い、そして、帰りのフライト時間のギリギリまで「宙」で過ごすのが、唯一「ふる里」を感じる時間であった。「宙」では、利光さんを筆頭に、ベテランの佐藤君、若手の大塩君がいつも笑顔で迎えてくれ、何も言わずとも座るとすぐに目の前に麦焼酎のロックがドンと置かれ、獲れたての魚をタレに漬けた郷土料理「りゅうきゅう」をつまんでいる間に、関アジ、関サバが見事に並べられる。江戸前の浅草「弁天山美家古《みやこ》寿司」と並ぶ、私の「二大巡礼地」である。

「大将、元気？　イザワです」

「ああ、どうも、お久しぶり！　イザワさん、元気にしちょる？」

「お陰さまで。実は今、海の向こう側にいるンですよ」

「海の向こう側って、アメリカ？」

「ハハハッ、愛媛ですよ、愛媛。今、お遍路してるンです。ちょうど豊後水道の近くを歩いてるとこです」

「そりゃまた」

「今、手ぇ振るから見てください」

「えっ、ナニ？　あゝ、見ゆる、見ゆる。気ィ付けて。また早よ食べに来て！」

呆れるフクショウをよそに、アドレナリンも出てきたところで「明石寺」を出発する。


「卯之町《うのまち》駅」を目指して歩いていると、〈二宮敬作先生住居跡〉と書かれた石碑と、その横に〈女医イネの出発点〉という案内板が出ていた。二宮敬作は、日本初の女医であるシーボルトの娘イネを養育した蘭学者である。長崎に再来日したシーボルトは、産科医を開業していたイネと三十年ぶりに再会し、ここまで育ててくれた敬作の義侠に涙を流したという。通称オランダおイネ、シーボルトの娘の人生にここで出会うとは。古代から近世に至るまで、遍路道に次々と現れる「歴史」の息吹に、ただただ圧倒されるほかはない。

住宅地を歩いていると、突然、中年の男性がこちらに向かって走って来た。

(何だろう？)

「あのォ、お遍路さん、ちょっとすみません」そして、掌に乗りそうな可愛らしいお地蔵さんを二人に渡してくれる。

「よろしかったらどうぞ、私が作りましたけん。お遍路さんが家の前を通るのを見かけると、皆さんにお渡ししちょるンです」

「それはそれは。わざわざどうもありがとうございます」

「いえ、どうぞどうぞ。元総理大臣にもお渡ししたンですよ」

「……」

一瞬、フクショウと顔を見合わせたが、もちろん、心のこもったお地蔵さんにはまったく関係のない話である。納札をお渡しし、ありがたくいただいた。

「フクショウ、お地蔵さんに罪はないよ」

「当たり前だよ！」

この小さなお地蔵さんは、今でも八十八ヶ所のご本尊の御影《おすがた》と一緒に、我が家の仏壇に鎮座している。

「卯之町駅」からJR予讃線の「特急宇和海」で一気に「松山」を目指す。別府航路のフェリーが走る八幡浜港近くを過ぎると、「伊予大洲《おおず》駅」が見えてくる。

伊予の小京都とも呼ばれる大洲には、「大洲城」がある。真野響子がマドンナを演じた寅さん第十九作「寅次郎と殿様」では、伊予大洲城址で寅次郎がさくらにＳＯＳの電話をかける場面が出て来る。映画の冒頭、いつものように「寅さん」が夢から覚める場面は、この先、海が眼前に広がる「下灘駅」のホームである。

《夢で会うふるさとの人皆若く》（風天四十七歳）

「伊予市駅」を過ぎて間もなく、「松山駅」に到着。山の中を歩いて来た弥次喜多二人は、都会の雑踏を前にして一瞬たじろぐ。夕闇が迫る中、お遍路姿で松山城のお堀をグルリと回るが、思いの外広く、山道ではさほど感じなかったリュックの重さをズシリと感じる。キャラバンシューズの私は、コンクリート道路で一気に疲れが出た。やっと宿泊予定のビジネスホテル「サンルート松山」を探し当て、荷を解いてホッとする。この日は三万七五二五歩。その半分は松山市内ではないかとさえ思われた。

汗を流したあと、いつものようにフロントでお薦めの店を教えてもらう。どのホテルも、商売柄「ここが一番お薦めです」とは言えないようであるが、大抵、それぞれの店の特徴を教えてくれながら〝街マップ〟に丸印をつけてくれる。この日も、玄関に「上半《うえはん》」の暖簾がかかった小粋な店は、選定に間違いはなかった。

「たまには！」と座ったカウンターの向こうには新鮮な瀬戸内の幸が並び、若い大将の手さばきは見ているだけで楽しい。愛媛の焼酎とも合い、どれもとても美味しかった。街の居酒屋の自慢料理、民宿の心のこもった手作り料理、宿坊の素朴な精進料理、そして、緑の中で食べるおにぎりやコンビニ弁当。お遍路でいただく食事の一品一品《ひとしなひとしな》は、それぞれに捨て難い魅力があり、決してミシュラン料理に負けてはいない。もっとも、ミシュランに縁はないが。

遥かなる久万高原と山頭火

〔五月二日(月)　晴れ〕

「さすがに土佐は温かく伊予は寒いと思う……私はひたむきに久万へ—松山へと急いだ」

『遍路日記』

昨日、最後に回った四十三番札所「明石寺」から次の四十四番札所「大寶寺」までは約七十キロ、山道を歩けば三日ほどの行程になる。かつては、八十八ケ所中最難関の順路とされていたようである。十二番札所「焼山寺」の遍路転がし、室戸岬や足摺岬の遠大な太平洋沿いに広がる札所、そして、今回の久万高原。一二〇〇キロの遍路道は、やはり一筋縄ではいかない。

「松山駅」前のバス停から六時半発のＪＲバスで一路「久万高原」を目指す。

バスは高原の奥へ奥へと登って行き、次第に周囲の緑の色彩が濃くなっていく。遍路道を通ってここまで三日かけてやって来る「歩き遍路さん」に心から敬意を表する。一時間強バスに揺られ「久万中学校前」で下車すると、高原の空気がヒンヤリと冷たい。

そこから約一・五キロを一時間ほど歩き、大草鞋が下がった古色蒼然たる壮大な仁王門をくぐると、四十四番札所「大寶寺《だいほうじ》」（久万高原町）である。標高は五七九メートル。この四十四番札所で、八十八ケ所ある札所のちょうど半分を回ったことになる。ここまで来れば、さすがに先が見えてきたような気がする。

境内には苔の生えた杉の古木が天高く聳え、深々として一気に空気が変わる。本堂へ登る階段のすぐ右側に山頭火の句碑が立っていた。

〈朝まゐりはわたくし一人の銀杏ちりしく〉

ただ一人、四国を巡礼して歩く山頭火の「孤独」と「悔恨」、そして「達観」が行き来するような句である。境内には、落雷の跡も生々しいその銀杏の古木が当時のまま立っていた。

「ゴォーン……」鐘楼の鐘をつくと、森閑とした山々に遠く響き渡った。

（渥美さん、山頭火をどういうふうに演じてみたかったんですか？）

「早起、すぐ上の四十四番に拝登する。老杉しんしんとして霧がふかい、よいお寺である」『遍路日記』

44番札所大寶寺

《花冷えや我が内と外に君の居て》（風天六十四歳）

「大寶寺」から次の四十五番札所「岩屋寺」までは約十キロの山道である。ここも、歩くしかない。フクショウの足を心配しながら、ずんずん山道に入って行く。谷戸に小さな畑があり、獣除けのトタンで囲われている。こんな山中で畑仕事をする人がいるのだろうか。しばらく歩くと、木陰の掲示板に地元砥部町出身の仏教詩人「坂村真民《さかむらしんみん》」の詩が書かれていた。「相田みつを」の師匠格にあたる人である。

〈わたしは　タンポポの根のように強くなりたいと思いました
タンポポは　踏みにじられても食いちぎられても泣きごとや弱音やぐちはいいません　却ってぐんぐん根を大地におろしてゆくのです〉

まさに、山頭火の〈分け入っても分け入っても青い山〉のようなこの緑溢れる静かな山中を、これまでどれほど多くのお遍路さんが、つらい経験、様々な思いを背負って歩き、そしてこの詩に目を止めたことだろう。

最後は「♪道中歌」の助けを借りつつ、四時間かけてやっと昼過ぎに四十五番札所「岩屋寺《いわやじ》」（久万高原町）に到着した。

山門をくぐると、いきなり切り立った岩山が目に飛び込んでくる。圧巻である。疲れた足でさらに石段を二十分ほど登ると、岸

45番札所岩屋寺の山門

不思議な霊気を感じた岩屋寺

壁を背負った小ぶりな本堂と、国指定の重要文化財になっている大師堂が建っている。岩肌には穴が穿《うが》たれており、いつ誰がお祭りしたのか、その一つには「阿弥陀如来」の立像が安置されていた。小さく見えるが、実際は一メートルほどもあるという。

岸壁にかけられた梯子を恐る恐る登ってみると、そこが古から多くの僧が籠って修行をしたという岩屋「法華仙人窟跡」である。見下ろすと巨樹に囲まれた境内とその向こうに緑の山々が広がる。

あまり時間に余裕はなかったのだが、深山の雰囲気に気おされ、大師堂の裏からさらに奥へ続く山道へと自然に足が向く。格子戸があり、その向こうが奥の院「せり割禅定」である。

格子戸には鍵が付いていたが、誰かが閉め忘れたのか、押すとギ～ッと開く。巨岩が真っ二つに割れており、その間から冷たい風が吹き下ろしてくる。全身に霊気を感じ、一目で厳しい修行の場であったことがわかる。岩の上からは石鎚山を始め大パノラマが見渡せるようであったが、入り口だけで断念した。フクショウも私に続いて巨岩の隙間を覗きに入ったが、やはり何かを感じたのか、すぐに戻って来た。そして、立ち去ろうとしたその瞬間、冷たい風が大岩の間からサーッと吹き抜け、格子戸が独りでにパタンと閉じた。思わず顔を見合わせる。

不思議な霊気と圧倒的な存在感を感じさせるお寺であった。

フクショウ、悪夢のムーンウォーク

「岩屋寺」から次の四十六番札所「浄瑠璃寺」までは約三十キロ、歩くと十時間の行程である。一日一本しかない伊予鉄バスに何とか間に合い、「久万営業所」まで行く。近くの「久万中学校前」からＪＲバス「松山行き」に乗り換え、「塩ヶ森」で降りた。フクショウが予め細かく調べておいてくれたお陰で、スムーズに移動することが出来ている。

遍路道から外れた山道約三キロを一時間で歩き、四十六番札所「浄瑠璃寺《じょうるりじ》」（松山市）に着いた。乗り継ぎが上手くいったので、予定時間よりも早く到着することが出来た。「浄瑠璃寺」には、〝健脚〟を祈願する「仏足石」があった。

「オイ、フクショウ。オレたちもお願いしておこう」お互いの足を「仏足石」に乗せ、

「これで、この先どんな遍路道でも大丈夫！」なはず、であった。

「浄瑠璃寺」から僅か十五分で四十七番札所「八坂寺《やさかじ》」（松山市）である。徳島と高知のロングロードを考えると、これは助かる。このあとは、今日の最終目的地、四十八番札所「西林寺」を目指すだけであったが、ここで欲が出た。明日お参りする予定の四十九番札所「浄土寺」まで今日中に一気に回っておけば、明日は残り二寺。ゆっくり市内観光をして、「道後温泉」で一風呂浴びることが出来るかも知れない。

「これからは、少し周りの景色を楽しみながらゆっくり行こう」そう話していたにもかかわらず、いざ歩き始めると、貧乏性で調子に乗りやすい弥次喜多二人は、体力も考えずにまるで何とかの一つ覚えのようにただひたすら前へ前へと進んで行ってしまう。根本的に、まだ山登り気分が抜けていないようである。

「よし、行こう！」

「よっしゃ！」ますます歩く速度が速くなっていく。

「八坂寺」を出ると、黄金色に実り始めた麦畑が広がり、「文珠院徳盛寺」があった。ここは、四国遍路の開祖とも言われる「衛門三郎」の住居跡である。

お大師さんに無礼を働いたことを悔いた「衛門三郎」は、詫びるために四国を二十回歩き回ったものの叶わず、最後の二十一回目に逆に回り、やっと「焼山寺」の近くで出会うことが出来たという。これが、「順打ち」に対する「逆打ち」の謂《いわ》れである。

手を合わせてからしばらく歩くと、「札始大師堂《ふだはじめ》」と書かれた小さなお堂があり、〈お大師様お泊跡〉と記された石碑が立っていた。お大師さんが野宿をした跡である。懺悔した「衛門三郎」もお大師さんを待ってここで一夜を明かし、翌朝出発する際に自分の名前と住所を書いた紙をこのお堂に貼ったという。これが、「納札《おさめふだ》」の始まりである。わずかな道筋に、千二百年の「お遍路の歴史」が詰まっている。

　さらにペースは上がり、「八坂寺」から四十八番札所「西林寺《さいりんじ》」（松山市）までの約四・五キロを、一時間弱で歩き切った。

「西林寺」の山門を出たときには、もう二人とも体力的に限界に近かった。時計は既に四時を過ぎている。五時の納経の刻限に間に合わせるためには、四十九番札所「浄土寺《じょうどじ》」（松山市）までの約三キロを五十分以内で歩かなければならない。互いに言葉も交わさず、ただひたすら足元を見つめながら市街地を抜ける。「♪道中歌」を歌う暇も元気もない。歩いても歩いても、ちっとも前が近づいて来ない。街を流れる小さな小野川に架かるその名も「遍路橋」を渡ったときには、時計は既に五時五分前を指していた。陽も次第に傾いていく。

「ダメだフクショウ、とても間に合わない。オレが先に走って納経を済ませておくから、アトから来いよ。納経帳貸して！」威勢よくそう言うと、足を引きずるフクショウから納経帳を受け取り、最後の力を振り絞って敢然と走り出した。ところが、十メートルも走るといきなり足が止まってしまった。足が限界に達していたということもあるが、キャラバンシューズでコンクリート道路を走ることがこんなにしんどいとは思わなかった。後ろを振り返ると、フクショウに叫んだ。

「フクショウ、このキャラバンシューズじゃ走れない！　悪いけど、そのスニーカーで走ってくれ。オレは寺に電話して納経を待ってもらうから」

　納経帳を二冊持ち、フクショウは走る。後ろから見ていると、今まで引きずっていたのが嘘のように、長いコンパスみたいな足を前後に繰り出す。まるで逆ムーンウォークのようである。

「オォ、結構早いじゃないか。やれば出来る！」

「浄土寺さんですか？　申し訳ありません、今、お遍路が一人、納経帳を二冊持って行きますので、納経所を閉めるのをちょっと待っていただけませんか」寺に電話し、あとを追う。しかし、これで一安心、「やれやれ」である。そして、浄土寺の山門をくぐったときには、既に五時を十分ほど過ぎていた。寺に人影はない。境内を見渡すと、鐘楼脇のベンチにグッタリとへたり込むフクショウの姿が目に入った。どこか哀愁が漂う。

49番札所浄土寺でへたり込む
フクショウ

「オォ、ご苦労さん！　間に合ったかい？」

「間に合ったかい？　ああ、間に合ったよ！　ずいぶんゆっくり来るじゃないか……」生気のない顔で見上げる。

「いやァ、寺に電話して待ってくれって頼み込んだんだよ。良かった良かった良かった！」

「良かった、じゃあないよ！　病人をこんなに走らせて、アンタは電話だけ？」

「ワリイワリイ。しかし、後ろから見てたけど、実に早かったなあ。さすが、やれば出来る人だったんだネ」

「……」

二人ともベンチに座ったまま精も根も尽き果て、暮れなずんでいく空をボーッと眺めていた。

人気のない境内で、ご近所のお婆さんが一人、本堂と大師堂に線香を上げ、手を合わせている。今日も四国の片隅のお寺で、いつもの日常が過ぎていく。歩数計を見ると、四万八五〇八歩。やけに長い一日であった。

「あれが致命傷になった！」

その後フクショウは、足をさすりながらずっとそうボヤくのである。

市街地にある大きな温泉施設「たかのこホテル」でゆっくり汗を流し、教えてもらった「海鮮丸」という居酒屋に向かった。

「いやァ、今日はご苦労さん」フクショウにお酌する。

「あゝ、ご苦労さんだったよ！」しかし、名物のセミエビを堪能してフクショウの機嫌も直る。

隣のテーブルで賑やかに弾む主婦三人組から声をかけられた。

「お遍路？　えっ、わざわざ東京から！　もの好きナ」

「大変ですよ！　身体が弱いのに、今日もコイツに浄土寺まで走らされて」

「いや、そりゃ大変！　ガハハハハハ」

そのあとは、何の話をしたのかちっとも覚えていないが、えらく盛り上がったことだけは確かだ。元気な地元の主婦連と別れ、戻ってからもう一度温泉に浸かってベッドに倒れ込んだ。

特に自慢するものは何一つない「弥次喜多へんろ旅」ではあるが、勇躍飛び込む地元の居酒屋を外したことだけは一度もない。この嗅覚だけには自信があるのである。

市街地を抜ける遍路道

〔五月三日(火) 晴〕

最終日。昨日、「浄土寺」までがんばったのでゆっくり起き、朝風呂に浸かってから出発する。せっかくの温泉にもかかわらず、相変わらずフクショウは到着してすぐのひとっ風呂だけ、〝烏の行水〟である。

住宅街を抜け、五十番札所「繁多寺《はんたじ》」(松山市)までは約三十分で着いた。境内には、松山らしく「俳句ポスト」が設置されていたのだが、「山頭火」と「風天」があまりにも偉大過ぎ、残念ながら〝会心の一句〟を投稿するのは遠慮した。

愛媛、そして次の香川の市街地を抜ける遍路道を歩いて、気づいたことがある。それは、狭いエリアにもかかわらず、意外に迷い易いということである。郊外の札所であれば、ガードレールや交差点に貼られた「道しるべ」、「石標」を辿って行けばまず間違いはない。もし、うっかり通り過ぎたとしても、「地図帳」を見ながら戻ることはそれほど難しいことではない。山道であれば、木に吊るされた小さな「道しるべ」を辿り、踏み跡に沿って歩けばよい。

ところが、市街地はどこも同じような路地がたくさんあり、小さな「道しるべ」はときに他の広告物に紛れ、中にはどういう了見か、上から塗り潰す不心得者もいて、結構迷いやすいのである。「順打ち」のお遍路でさえ戸惑うのに、「逆打ち」や外国人のお遍路さんは、どんなに大変なことだろう。

次の五十一番札所「石手寺《いしてじ》」（松山市）までは、約五十分で着いた。

繁華街にも近く、参道にはたくさんの出店が並び、寺の広い境内には観光客の姿も多い。山から下りてきたばかりの弥次喜多二人は、あの「桂浜」や「松山市内」にたたずんだときと同じように、些か場違いな感じがして居心地が悪い。白装束姿も見かけるが、ほとんどがバスや車で回るお遍路さんのようである。添乗員さんが、全員の納経帳をズシリと抱えて納経所に並ぶ。じっと後ろで順番を待っていると、大抵、個人の歩き遍路を優先してくれるので、それはありがたい。

折角なので、四国八十八ケ所の札所の砂を並べた「お砂撫で」を順番に触り、息子の嫁の安産祈願をお願いし、名物のやきもちを一つ頬張って、早々に退散する。

そのあと、子規記念館を覗いてから道後温泉に寄ったのだが、世は五月の連休真っただ中であることをすっかり忘れていた。グルリと温泉を取り囲む観光客に恐れをなし、ここも早々にして「松山空港」に向かった。

「ひとのなさけにほごれて旅の疲れが一時に出た、ほろ酔きげんで道後温泉にひたる」

『遍路日記』

空港内のレストランで打ち上げをする。

「フクショウ、お疲れさん。特に今回はがんばったなあ！」

「あゝ、がんばったよ。でもトコトン疲れた。あの浄土寺で走らされたンで、足腰ガタガタ、焼山寺以来」

「イヤイヤ、今回はあれで助かったンだよ。フクショウを見直したなあ、大したもんだ。ありがとネ」と、ビールをお注ぎする。

「おだてててもダメだよ。でもまあ、疲れたけど今回もナンか楽しかったな」

「そうだなア。あんなに苦労して歩いてンのに、終わるといつもどうしてこう名残り惜しいんだろう。結局、旅の準備をしてるときと歩いてるときが一番楽しいのかもネ。『楽しきと思うが楽しきの基なり』だナ」

「ウン？　またナンかよくわかンないけど、まあ、充実していたことは確かだ。しかし、まあナンだな、次回は何事もなく終わって欲しいネ」

「まったく」

しかし、今まではまだまだ序の口であったことを、呑気に杯を交わす弥次喜多二人は知らなかった。

第6章

「寅さん」と山頭火

黒瀬湖（黒瀬ダム）のほとりで渋柿を

山頭火終焉の地「松山」

二〇一六年の春、高知の三十三番札所「雪渓寺」から愛媛の五十一番札所「石手寺」まで回り終えたのだが、四十九番札所「浄土寺」までのムーンウォークで痛めたフクショウの足腰は、相当に大きなダメージを受けているようだった。

一方、都政では、舛添都知事が公費の流用問題で辞職し、都知事は小池百合子氏に代わっていた。私が退職してから四人目、二〇一三年にお遍路を始めてから何と三人目の都知事である。お遍路直前の四月に二度ほど舛添都知事に会っていただけに、呆気にとられる結末であった。猪瀬都知事一年、舛添都知事二年四カ月。現世はまことに慌ただしい。

「来年中にはナンとか八十八ケ所を回り終えて『結願《けちがん》』したいなあ。そのためには、今年の秋に愛媛を回ってしまわないとナ」そう私が言うと、

「秋は日暮れが早いからなあ。それに、寒くなると神経痛が痛むんだよ。焼山寺の〝遍路ころがし〟から帰ったあとも、しばらく調子悪かったよ。それよりナニより、あの浄土寺にトドメを刺された」

「まだ言うか。でも、もうここまで来たら一気呵成《いっきかせい》にいかないと何年経っても終わらないよ」

結局、十一月三日の文化の日からの三泊四日で『菩提の道場』伊予ノ国愛媛を回り終えることにした。徳島の「焼山寺」以来、二度目の秋のお遍路である。

〔十一月三日(木) 晴れ〕

「おはよう。調子はどう?」羽田空港でいつもの合言葉のようにフクショウに訊く。

「良くはないけど、〝まあまあ〟かな。でも、今更ながら、捻挫した足でよく最後まで徳島を回れたと思うよ。ここまで辿り着いただけでも、オレにとってはある意味〝奇蹟〟だよ。残りもナンとかがんばるしかないナ」

「ホント、よくがんばったよなァ。エライよ、感心、感心」

「ウルサイんだよ。イザワに言われると、ナンか腹立つ!」

「本心だよ、本心!」しかし、フクショウの「まあまあ」という言葉は初めて聞いたような気がする。画期的である。「つるべ落とし」のお遍路になるが、何とか六十五番札所「三角寺」まで無事に巡り着きたいものである。いつもの立ち食い寿司屋で乾杯し、七時半の第一便に乗り込む。

シートベルト着用のランプが消えてすぐ、いきなり目一杯シートを倒してイチャつく前席の〝バカップル〟に少々イラつくものの、

「イカンイカン、これからまたお大師さんに会いに行くんだから」とじっと我慢。

(そうやって今のうちだけ精一杯楽しんでいなさいネ)「飛行機は、やがて「松山空港」に着いた。

リムジンバスに乗り、十五分ほどで「松山市駅」に着く。春のお遍路で四十三番札所「明石寺」をお参りしたあと特急列車で一気に「松山」を目指し、疲れた身体で重いリュックを背負い、暮れなずむ松山城のお堀の周りをトボトボと歩いたことを思い出す。

「松山」は、山頭火終焉の地である。徳島から高知、愛媛とお遍路を続けた山頭火は、生きるための「行乞《ぎょうこつ》」と侘しい野宿からは解放されたものの、「松山」での当初の生活は必ずしも心の平穏をもたらすものではなかったようである。

「酔生夢死とはこんなにしていることだろうと思った、何も記す事がない」
「身辺整理、洗え洗え、捨てろ捨てろ」
「山頭火はなまけもの也、わがままもの也、きまぐれもの也、虫に似たり、草の如し」
『遍路日記』

そして最後に、「松山市駅」からほど近い「一草庵」で、穏やかな最期の三百日を過ごすことになったのである。

「とうとうその日――今日が来た、私はまさに転一歩するのである、そして新一歩しなければならないのである。一洵君に連れられて新居へ移って来た、御幸山麓御幸寺境内の隠宅である、高台で閑静で、家屋も土地も清らかである、山の景観も市外や山野の遠望も佳い。……すべての点に於いて、私の分には過ぎたる栖家である、私は感泣して、すなおにつつましく私の寝床をここにこしらえた」『遍路日記』

山頭火、享年五十八歳。発見されたときには、酒の空瓶が転がっていたという。苦悩の末の、念願の「ころり往生」であった。

「放哉」のドラマ化が頓挫したあと、「山頭火」を演じることに情熱を傾けた渥美さん。それは、「寅さん」であり続けることに押しつぶされそうな名優「渥美清」の才能を惜しんだ脚本家、早坂暁氏の危機感の表れでもあった。盟友でもある早坂暁氏は、ここ「松山市」の出身。二人でこの地をシナリオ・ハンティングで訪れ、実際にゆかりの人々にも会っている。渥美さんは、山頭火をどう表現するつもりだったのであろうか。

こんな話がある。

『男はつらいよ』の撮影の合間には、山田洋次監督が渥美さんに「この次、こんな物語をやりたいんだけど」と話をし、面白そうに笑ったり、「なるほどね」と感心したり、その反応でこの話はいけるな、それほどじゃないなと確かめたいう。あるとき、

「寅さんが、旅先で山頭火みたいな放浪のお坊さんと一緒になったらどうなるかしら」と言ったというのだ。

「寅さんは、その乞食坊主を哀れがって、なけなしの金をはたいてご馳走したりする。旅を続けているうちに坊主が俳句が好きなことがわかってその作品を読ませてもらうが、寅さんは

『こんなのダメだよ。まるで俳句になってねえよ』と言う。坊主が『じゃあ、どんなのがいいんだ』と言うと、寅さんは『こんなのどうだい。五七五にうまくはまらねえけど』とその場で思いつきを口にしてみせる。坊主はそれを聞いてひどくびっくりして『それ、いい句だよ。あんた俳人になれるよ』と感動する」そして、

「そんなときに寅がペロペロッて口ずさむのはどんな俳句かな?」と訊くと、渥美さんは、

「そりゃ、こんなんでしょうね」と即座に口にしたという。具体的には山田監督も忘れたというが、要するに〈飲み過ぎて下痢をして朝、ウンコをしたら夕べ食べたトマトのタネがいっぱいあった〉というような俳句であったとか。そして、「寅さんが友達になったその人は、乞食坊主のような恰好をしているが、実は有名な俳人で、あとになってその人が句集を出す。あるとき、俳句を始めた博がその句集を見ながら『お兄さん、この俳句、いいでしょう』と言うので見たら『あっ、それはオレが作った俳句だ!』『なんで兄さん、こんな俳句を作ったんですか』と訊く博に『ヘンな乞食坊主と一緒になってね』『お兄さん、この人は有名な俳人ですよ』『オレのを盗むぐらいなら大したことはねえな』」(森英介『風天　渥美清のうた』大空出版)

『男はつらいよ』のどこかの場面にもありそうな話である。山田洋次監督の本気度と、渥美さんが膝を乗り出すような雰囲気がよく伝わってくるような場面である。そして山田監督は、

「渥美さんは詩人でしたね。風景に対して、人間に対して、社会に対して実に見事な言葉を発する人でした。だから、詩人になっても俳人になってもあの人は一流になれたんじゃないかと

思います」とも語っている（前出）

もし、幻の『男はつらいよ』第四十九作が製作されていたら、山田洋次監督は「寅さん」と山頭火にどういう会話を用意してくれたのだろうか。そして「寅さん」は、四国路で出会うお遍路さんに、どんな愉快な話を聴かせてくれたのだろうか。遥か虹の彼方である。

《お遍路が一列に行く虹の中》（風天六十六歳）

「松山市駅」から伊予鉄道高浜横河原線で「三津駅」まで行き、そこから五十二番札所「太《たい》山寺《さんじ》」（松山市）までの約三キロを四十五分で歩く。どっしり構えた大きな仁王門をくぐり、国の重要文化財になっている本堂に向かう。豊後の国（大分県）の真野《まの》長者が建立したのが本寺の始まりらしく、四国と九州の近さを感じる。

境内で、セーラー服姿の可愛らしい地元の女子中学生が〝お接待〟をしてくれていた。赤い頬っぺがあまりに可愛く、カメラを向けるとはにかんで顔を隠す。放送部だと言う学生服姿の男子生徒からは、インタビューを受けた。

「どちらからいらしたんですか？」

「お遍路のいいところは何ですか？」

「いいなあ、みんな素直で純情そうな中学生ばかりだよ。東

52番札所太山寺で“お接待”する女子中学生

京には絶対にいないタイプだよなァ」早くもフクショウが感激の体である。

「太山寺」から五十三番札所「圓明寺《えんみようじ》」（松山市）を目指す。コスモスが揺れ、真っ赤に熟れた柿の実が民家の塀の向こうから垂れ下がっている。日暮れは早いものの、秋のお遍路もまた味わい深いものである。約二・六キロ、四十五分で「圓明寺」に着く。本堂には左甚五郎作の龍が彫られ、不思議なことに、境内にはご禁制のマリア像がある。今回も、「歴史」に身を置く「へんろ旅」となりそうである。

《雲のゆく萩のこぼれて道祖神》（風天四十七歳）

「圓明寺」から次の五十四番札所「延命寺《えんめいじ》」までは約三十四キロ、十時間を要するので、ここは列車を利用することにする。

「伊予和気《わけ》駅」から予讃線に乗る。この先、愛媛から香川まで、予讃線にはずいぶんお世話になることになる。車窓からは、穏やかな瀬戸内海と島々が点々と見え隠れし、五十分ほどで「大西駅」に着く。そこから五十四番札所「延命寺」（今治市）までの約四キロを一時間で歩いた。ここからは「今治市」、札所も多い。

さらに、「今治城」を遠くに見ながら歩くこと一時間、五十五番札所「南光坊《なんこうぼう》」（今治市）である。壮大な仁王門をくぐると、境内には秋の夕暮れが迫り、本堂の上に広がる雲が赤く染ま

55番札所南光坊の夕暮れ

っていく。ねぐらに帰るカラスの鳴き声が境内に響く。

　なぜか懐かしい気持ちが溢れ、思わず自分が柴又の「帝釈天」にたたずんでいるかのような錯覚を覚えた。柴又は、「寅さん」だけではなく、私にとっても懐かしい「ふる里」のような存在である。ベテランボランティアの風見栄一さんとの出会いをきっかけに、川千家の先代と「山本亭」で水筒に入ったお酒を酌み交わし、ＮＨＫテレビ「ブラタモリ」などの番組で引っ張りだこの葛飾区の学芸員谷口榮さんとは〝立石ツアー〟を敢行し、九州から幼なじみの赤峰映洋君らが上京すると、物知り顔で柴又界隈を案内したものである。そこから離れがたく、夕焼け空を眺めながら、しばしたたずんでいた。

　今日は五十六番札所「泰山寺」まで足を延ばす予定であったが、夕闇も迫り、初日ということもあってあまり無理をしないことにした。この辺りまで辿り着くと、ここから先は札所が比較的偏在しているところが多く、一気にペースが上がりそうである。徳島の難所、高知の広大さ、そして愛媛西方の山中に点在する札所を経験してきただけに、「区切り打ち」で全部回り終

柴又駅「寅さん」像の前で
右端が赤峰君

えるのに一体何年かかることだろうかと思っていたのだが、確実に前に進んでいるようである。しかし、実際には、この先いくつもの〝難関〟が控えていた。

《寒夕焼初恋のことなぞ思われて》（風天四十七歳）

宿泊先のビジネスホテル「クラウンヒルズ今治」で荷を解いてひと汗流し、いつものようにフロントで情報を仕入れてから「今治」の街に出てみた。

ところが、何と教えてもらった店すべてが満席であった。これまでにない経験である。今まで一度も店を外したことがなかったのだが、とうとうここで弥次喜多の神通力も失せたかと、止むを得ず空いている一軒の暖簾をくぐった。

ところが、これがまた大正解であった。割烹着を着た元気なお母さんたちが切り盛りする炉端焼きの店は、見るからに活気があった。地元客にならって、まず、鉄板でカリカリに焼き上げた今治名物の「鶏皮」を注文する。鉄板に小さく切った「鶏皮」を並べ、さらにその上からアイロンのような小ぶりな鉄板でジューッと押さえつけると、タレの香ばしい匂いが漂ってくる。思わずお腹と喉が鳴る。

「ウン、名物に不味《まず》いものなしって、ホントだナ」

地元の焼酎をロックでやると、これが実に合う。この味が忘れられず、戻ってから今治料理の店を探して、わざわざ渋谷の道元坂まで二人で食べに行ったぐらいである。瀬戸内の幸を、お母さん方が小気味よく次々に運んでくれる。最近、都心ではあまり見かけなくなったアットホームな炉端焼き屋さんで、今日も静かに今治の夜が更けていった。

噂の札所

〔十一月四日(金)　晴れ〕

早朝六時にホテルを出る。

初秋の朝はまだ薄暗く、霜が降りているのではないかと思えるほどヒンヤリと肌寒い。街はまだ眠っているらしく、物音ひとつしない。足音を忍ばせながら住宅街を抜けると、コンビニの明かりを見つけた。ホッとして温かいお茶とおにぎりを買う。今日は二十キロ以上歩くことになる。

夜が白々と明ける中を約三キロ、一時間ほど歩き、五十六番札所「泰山寺《たいさんじ》」(今治市)に到着した。まだ薄暗い境内に人影はなく、お参りを済ませてから七時に納経所が開くまでの間、ベンチを借りておにぎりを頬張る。鐘楼の向こうから、ゆっくりと陽が昇ってくる。

ここから、五十七番札所「栄福寺《えいふくじ》」(今治市)、五十八番札所「仙遊寺《せんゆうじ》」(今治市)、そして五十九番札所「国分寺《こくぶんじ》」(今治市)までの約十二キロを、三時間半で一気に回った。

次の六十番札所「横峰寺《よこみねじ》」からは「西条市」に入るが、「国分寺」から「横峰寺」までは歩けば約二十七キロ、十時間半の行程となる。四国の霊峰「石鎚山」の山麓、いわゆる石鎚山系にあるこの「横峰寺」へは如何せんルートが取りづらく、相談した結果、止むなくここで「順打ち」を断念することにした。まず、六十一番札所「香園寺」から六十四番札所「前神寺」までを先に回り、「横峰寺」は翌日にお参りすることにした。

伊予桜井駅の民間キップ販売所

「国分寺」から予讃線「伊予桜井駅」までの約二・五キロを、五十分弱で歩く。

「伊予桜井駅」には切符売り場がなかった。駅前を見回すと、「朝倉屋」という雑貨屋さんの前に〈JR四国キップ発売所〉の看板が出ていた。JRから委託を受け、ここで切符を販売しているらしい。案内を乞うと、ご高齢の夫人が出て来て机の引き出しを開け、切符を出してくれた。まさに「寅さん」の世界である。遠くからわざわざここの切符を買いに来るマニアもいたらしいのだが、残念ながら、二〇一九年の九月に委託販売を終了したようである。間に合って良かったと思う反面、また「寅さん」の風景が一つ消えてしまったようで寂しいものである。

《小春日や柴又までの渡し舟》（風天四十六歳）

「伊予桜井駅」から二十分弱で「伊予小松駅」に着いた。ちょうど昼どきだったので適当な食堂を探していると、「MARUBUN」という洒落たイタリアンレストランを見つけた。失礼ながら、鄙には稀な店構えである。

「仕方ない、たまにはイタリアンでも食うか！」

白装束のまま中に入って驚いた。落ち着いた雰囲気の店内はほぼ満席で、どうも地元のお客さんだけではなさそうである。そして、頼んだランチの味は、これもまた絶品であった。地元では有名なチェーン店らしく、駐車場に車を止めたお客さんが次々に入って来る。後日、旅番組にこの店が登場し、タレントが美味そうに食事をする場面を見て、あの味を懐かしく思い出した。

久々に充実した昼食を終え、三十分ほど歩いて六十一番札所「香園寺《こうおんじ》」（西条市）をお参りする。コンクリート造りの新しい大聖堂が威容を誇る。次に、すぐ駅裏の六十二番札所「宝寿寺《ほうじゅじ》」（西条市）へ向かう。

実は、この「宝寿寺」をお参りするに当たっては、相当に緊張もし、身構えていた。というのも、当時、「宝寿寺」は「四国八十八ヶ所霊場会」と揉め、裁判沙汰になっていたのである。ブログを読むと、通常七時から開ける納経所を八時からしか開けず、おまけに昼休みには閉めてしまうという。さらに、真偽のほどは定かではないが、住職がお遍路さんに暴言を吐いたとか、暴行を働いたとか、実に恐ろしげなことが書いてあるのである。

小さなお寺であったが、弥次喜多二人は外からそっと様子を窺う。仮設らしき納経所が本堂の横にあり、窓口が二つあった。一方は住職らしき人、もう片方は奥様であろうか、ご婦人である。

「よし、行くか！」意を決し、二人とも表情も硬く境内に足を踏み入れる。

お参りを済ませ、いよいよ納経所の前に一列に並んで順番を待つ。

「オイ、どうする？　オレは奥さんの方がいいナ」

「オレだってそうだよ」小声でささやき合っていると、順番が来て、はたして前に並んでいたフクショウがご婦人に呼ばれる。

「えっ？」、仕方なく私は、おずおずと住職らしき男性の前に進んだ。

「よろしくお願いしますっ！」

徳島の十三番札所「大日寺」の納経所で怒られた経験があるだけに、丁重に頭を下げる。墨が滑り、朱印が押されて納経帳が戻されると、心底ホッとする。

「ありがとうございますっ！」

寺を出てから恐る恐る納経帳を見せ合うと、二人の墨蹟がだいぶ異なっているようであった。

その後の話として、結局、内紛の末に「宝寿寺」は霊場会を脱退し、六十一番札所「香園寺」の管理地に新たに「宝寿寺」の礼拝所が設けられるなど、しばらくお遍路さんを混乱させていたようである。しかし、二〇一九年十二月に無事再加入の運びとなり、ご住職も新しい方に替わったとか。「めでたし、めでたし」ではあるが、何やらお大師さんの足元もキナ臭いのであった。

「宝寿寺」から六十三番札所「吉祥寺《きちじょうじ》」（西条市）までは予讃線沿いに三十分、さらに六十四番札所「前神寺《まえがみじ》」（西条市）までは約一時間で着いた。

「前神寺」から次の六十五番札所「三角寺」までの道のりは約四十五キロ、十三時間の行程となるため、明日は「逆打ち」となる六十番札所「横峰寺」一本に絞り、「三角寺」は明後日にバスを利用してお参りすることにした。この辺りは、なかなか一筋縄ではいかない。

次第に陽も傾いてくる。やはり、秋の夕暮れは何やらもの寂しい。庭の柿の実も、石鎚神社の鳥居の向こうに聳える石鎚山《いしづちさん》も、夕陽に赤く染まっていく。石鎚山は、私の両親が毎年のように白装束姿で登っていた山でもある。予讃線の小さな「石鎚山駅《いしづちやま》」のホームにカラスの鳴き声が響く。春のお遍路では、ひばりやウグイスの声が我々を迎えてくれるが、秋のお遍路では、夕焼けの森に帰っていくカラスの鳴き声が、「早く家に帰れよ」と急きたてる。帝釈天でも、旅の空の下でも、暮れなずむ「寅さん」の風景にはカラスの鳴き声がよく似合う。

《どんぐりのポトリと落ちて帰るかな》（風天六十六歳）

「石鎚山駅」から「伊予西条駅」まで行き、「西条アーバンホテル」で荷を解く。それでも、今日は、四万四五五三歩歩いていた。

そして、その日選んだお店、西城駅近くの居酒屋「耕ちゃん」は、堂々と「弥次喜多へんろ旅」ベストスリーに入る店であった。

小粋な暖簾をくぐって店に入ると、瀬戸内の幸が小奇麗に並べられ、一目で「ウン、おぬし出来るな！」という雰囲気がビシビシと伝わってくる。

「嗚呼！」今日もビールの最初のひと口目が旨い。

少しずつ料理を頼んでみたが、どれも実に味わい深かった。特に、氷の上にラップを張って鮮度に気を遣った刺身の盛り合わせは、弥次喜多二人を唸らせた。江戸川のスーパーで買った刺身を食べ慣れているフクショウは、

「ウ、美味い。こんな美味い刺身を食ったのは生まれ初めてだ」と今にも涙を流さんばかりである。

「良かったなァ！」今日はあまり飲み過ぎないようにしよう。

さらば愛媛

〔十一月五日(土)　晴れ〕

早朝、運動がてら表に出ると、外気は清々しいながらキリリと肌寒い。

高く晴れ上がった秋空の下、目の前にくっきりと霊峰「石鎚山」が聳える。まさしく、「名峰」の名にふさわしい威容である。

「親父とお袋はこんな立派な山に登っていたのか」


《コスモスひょろりふたおやもういない》（風天四十五歳）


「伊予西条駅」前でバスを待っていると、登山服姿の中年のご夫婦から話しかけられた。二人とも、どことなく品のあるたたずまいである。

「お遍路ですか？　今日は天気も良くていいですね」とご婦人。

「お陰さまで。『区切り打ち』でやっとここまで辿り着きました。登山ですか？」

「えゝ、いいお天気で助かります」

「我々も関東近郊の山々をずいぶん歩き回りました。お二人とも、お遍路されたことはあるんですか？」

「近くの札所をいくつか。でも、登山の方が多いかしら」

「ご夫婦で羨ましいです」

地元の方らしく、夫婦揃って山登りが趣味とか。山歩きやお遍路の魅力について、話が弾む。

優しそうなご主人は、婦人と我々の話をニコニコしながら聴いている。お遍路姿で歩いているだけで、こうやって皆さんが気軽に声をかけてくれる。お大師さんに感謝である。

せとうちバスで「横峯登山口」まで行き、これから山に登る素敵なご夫婦と別れて別のバスに乗り換え、昨日回れなかった六十番札所「横峰寺」まで行く。


《ずいぶん待ってバスと落ち葉いっしょに》(風天四十六歳)


時刻は、もう昼過ぎである。かつては、この札所への山道は最難所の「遍路転がし」であったという。確かに、山上のお寺はやはりどことなく霊気が漂っているようであった。寺の付近には一切店がないと聞いていたので、石鎚山を眺めながら駅前で買ったコンビニ弁当を広げる。考えてみれば、両親が石鎚山に登っていたのは、今の私よりも若い頃だったのだろう。

しばし山の空気を吸って、下り十二キロの逆打ちコースを一気に下る。いきなりの下りで膝が笑う。

「♪夕べミミズの鳴く声聞いた」　弥次喜多「♪道中歌」が久しぶりに口をついて出る。

「カラオケにこの歌入ってるかナ?」と私。

「入ってるわけないだろ。山登りをしていた頃は『♪夏の思い出』で尾瀬を思い出してたけど、お遍路のおかげで『♪南国土佐を後にして』も愛唱歌になったなあ」

「確かに。今でも歌い継がれてる曲って、やっぱり〝いい歌〟ナンだネ。それにしても、歌手もベテランの域に達するとナンでみんな〝人生〟を歌い上げたくなるんだろうなァ。『マイウェイ』は〝シナトラ〟だけでたくさんだよ。歳取っても、いつまでも日常や愛を歌ってくれる〝ポール〟は素敵だと思わないか？」

「〝ビートルズ〟は聴かない！」

「……。これから先長いンだから、たまには洋楽も聴いてみたら？　〝二輪草〟も〝舟木一夫〟もいいけどサ」

「〝天地真理〟も好きだよ！」

「……」

二時間ほど歩くと、大きな湖に出た。秋の陽を浴びて静かに光る「黒瀬湖（黒瀬ダム）」である。フクショウが近くの柿を二つもぎ、一つを私に渡してくれた。私も彼に続いてかじってみる。

「渋い！」思わず私が叫ぶと、「ナッ！」

「ナッ、じゃねえよ」しかし、渋柿ではあるが、噛んでいるとほんのりと甘さが広がり、どこかツーンと懐かしい味がする。

「道端の柿をもいで食うなんて、子どもの頃以来だなあ」昔のふる里の情景を思い出すのか、そう言いつつフクショウは地べたに座り込み、弁当の残りを広げ始めた。

「オイ、イザワ、アレアレ！」

幸せだなァ！

「ハイハイ！」リュックから〝気付け薬〟の入ったスキットルを出す。キラキラと光る湖を眺めながら、グビッとひと口喉に流し込む。

「カーッ！　イザワ、幸せだなァ！」

「オレに〝気つけ薬〟持たせておいて、イイ気なもんだ。しかし、気持ちいいなあ。この風、この匂い、お遍路に出なきゃ味わえなかったよ。今頃、東京ではみんな忙しく働いているんだろうなあ。この昼下がりにサ、四国の山の麓でこうやって地べたに座り込んで一杯やるナンて、最高だナ」

「あ〜最高！　足の調子は今ひとつだったけど、やっぱり今回も来て良かった」

「だよナッ……」

きっと「寅さん」も、こんな風景に溶け込みながら渋柿に顔をしかめ、懐かしい柴又で今日も地道にいつもと同じ日常を繰り広げている〝さくら〟や〝おいちゃん〟〝おばちゃん〟のことを想い出していたのだろう。


《さくら幸せにナッテオクレヨ寅次郎》（風天四十五歳）


「ずっとこうやっていたいなあ！」

しかし、そうもいかず、腰を上げてそこからさらに一時間ほど歩き、昨日お参りした「香園寺」と「宝寿寺」の横を通り過ぎて「伊予小松駅」まで歩く。そこから予讃線で今日の宿泊予定先のある「伊予三島駅」まで行く。

ビジネスホテル「リブマックス」で汗を流してから街に出てみたが、ここもアーケード街が「シャッター通り」と化し、侘しい雰囲気が漂う。それでも、一歩横丁に足を踏み入れると、地元の常連さんが集うような飲み屋が軒を連ね、ポツリポツリと明かりが灯り始める。ホテルで情報を仕入れた、愛媛なのになぜか「焼き鳥阿波踊り」という名の居酒屋に入る。

「ももの唐揚げが名物だって訊いてきたンですけど、それを最後にお願いすることにして、まず……」とメニューを見ながら店主に注文しようとすると、

「結構ボリュウムあるけん、唐揚げをまず最初に食べた方がええで。それからあとの注文考えてかまんよ」

なるほど、最初に食べた大きなももの唐揚げだけで、二人ともお腹が一杯になってしまった。伊予三島のお店も優しいのである。ハフハフと揚げたての唐揚げと格闘しつつ、伊予三島の夜は更けていった。

〔十一月六日(日)　晴れ〕

愛媛最終日。「伊予三島駅」の前からせとうちバスに乗って「三角寺口」まで行く。

そこから山道を約一時間登り、急な階段を上がって標高三六〇メートルに建つ六十五番札所「三角寺《さんかくじ》」（四国中央市）をお参りする。

大屋根の山門をくぐると広大な境内は緑に包まれ、本堂がひっそりとたたずんでいた。寛政

年間には小林一茶が訪れ、山桜の古樹を歌に詠んだという。愛媛最後のお寺「三角寺」の本堂で、ご本尊「十一面観世音菩薩」の真言〈おん、まか、きゃろにきゃ、そわか〉を唱える。

戻りは、山道を二時間半ほどかけて一気に下り、再び「伊予三島駅」から「特急しおかぜ」で「JR松山駅」に向かった。


疲れの残る足で、思いのほか長いアプローチに悶絶しつつ「松山城」に登ったあと、リムジンバスで空港に向かった。

ラウンジのレストランで、『菩提の道場』愛媛巡礼の無事終了を祝って栗焼酎で乾杯する。

「ナンか、見えてきたよナ」

「ウン、見えてきたネ」

徳島で二十三番札所、高知でやっと三十九番札所まで回ったときにはまったくその先を見通すことが出来なかったが、足かけ四年、愛媛で何とか六十五番札所まで辿り着くことが出来た。いよいよ五年目を迎える来年こそ、何とか「結願《けちがん》」したいものである。

お大師さんに、そして「寅さん」に出合う旅ももうすぐ終わると思うと、残りのお遍路が何だか愛おしくなってくる。思いのほか静かな、愛媛最後の乾杯であった。それにしても、

「お大師さん、何とかフクショウの足が最後までもちますように！」

第7章

✺

最後までドタバタ「弥次喜多へんろ旅」

75番札所善通寺

渥美清さんとお遍路の出会い

いよいよ、お遍路最終の地、『涅槃の道場』讃岐ノ国香川に足を踏み入れることになった。

二〇一三年の四月に『発心の道場』徳島の一番札所「霊山寺」をお参りしてから足かけ四年、仕事の合間の「区切り打ち」で、二〇一六年春に『修行の道場』高知の三十九番札所「延光寺」、そして、その年の秋に『菩提の道場』愛媛の六十五番札所「三角寺」までを回り終えた。残りは二十三札所。足かけ五年目を迎える今年こそ、何としてでも香川の巡礼を無事に済ませ、「結願《けちがん》」を達成したいと思っていた。

そして、五月の連休を挟んだ五泊六日で、香川を回り終える行程案をフクショウが完成してくれた。

〔二〇一七年四月二十九日(土)　晴れ〕

これが最後になるかも知れないと思うと、さすがに神経が高ぶる。やはり今回も朝早く目覚めてしまい、まだ暗い中一風呂浴びてから朝一番のリムジンバスで羽田空港へ向かった。

「おはよう、いよいよだな。大一番を前にして、調子は如何でしょうか？」

「ダメ、全然ダメ、満身創痍。お尻の方はまずまずだけど、坐骨神経痛がこのところキツイ」

決して、「絶好調！」という答えを期待している訳ではないが、最後のお遍路を前にして何とも情けない返事である。前回の「まあまあ」が最高のコンディションだったらしい。

「焼山寺の遍路転がしのときもそうだったけど、やっぱり秋のお遍路のあとは調子が悪いみたい。寒さが身体にこたえるのよ」

「秋だろうが春だろうが、ナンかいつも調子悪いって言ってるような気がするけど」

「〝程度〟の差だよ〝程度〟の。でもまあ、これがラストだと思ってがんばるよ」

「そういうこと。いよいよ最後のお遍路になるかも知れないっていうのに、ナンか今一つ気勢が上がんねえなァ。あんまり無理しないで、ペース配分を考えながら行こうぜ。とにかく、回り切ることが大事だから」

「そうだな。ナンとかカンとか言いながら、病弱な身体に鞭打ってようやくここまで辿り着いたんだもんナ」

うどんは香川に着いてからの楽しみということにして、恒例の立ち食い寿司で壮行の乾杯を交わし、七時二十五分発の第一便に乗り込んだ。

八時四十分、お遍路最終の地となる「高松空港」に着いた。

果たして『涅槃の道場』になるのかどうかわからないが、「いよいよ香川か！」の想いが募る。天気はいいが、やや涼しそうだ。

渥美さんは、松坂慶子が二度目のマドンナ役を務める第四十六作「寅次郎の縁談」で香川にロケに来ている。就職先も決まらず、父博と大喧嘩して家を飛び出した満男を探して「寅さん」は四国に渡る。そして、葉子（松坂慶子）と多度津町の高見島（映画では琴島）で出会った「寅さん」は、瀬戸内の豊かな自然の中で、例によって満男と二人、それぞれの恋愛模様を繰り広げるのである。この時期、渥美さんの体調は最悪の状態であったはずであり、画面で見せる笑顔にもどこか痛々しさを感じる。そんなときに、渥美さんは周囲に、

「お遍路が巡礼でお参りしているところを見に行きたい」

「御詠歌のテープが欲しい」

そう、言っていたそうである。恐らく、渥美さんの心の内には、お遍路に対する興味とともに、山頭火に対する憧れがあったのではないだろうか。そして、誠に勝手な想像ではあるが、私にはその向こうに「お大師さん」の姿が見えるような気がするのである。

〈ありがたや高野《たかの》の山の岩かげに大師はいまだおわしますなる〉

「高祖弘法大師御詠歌」である。

香川県小豆島が終焉の地となった尾崎放哉、松山で没した山頭火、そして、「風天」の名で句を作り続けた渥美さん。なぜか言葉を紡ぐ人々は、晩年、四国に心を寄せる。

《やわらかく浴衣着る女《ひと》の微熱かな》（風天六十四歳）

空港から丸亀行のリムジンバスに乗り、「坂出駅前」で降りる。「坂出駅」からは「予讃線南風リレー号」に乗って「観音寺駅」まで行く。

観音寺には、二人の共通の友人であるオオセが勤める会社の本社がある。フクショウが経営を任されていたＩＴ会社も、実はオオセの紹介である。少し散策してみようと思ったのだが、残念ながら駅前には特にこれという特色もなさそうだったので、早速「讃岐うどん」の店を探すことにした。香川に来れば、駅前ならすぐにうどん屋が見つかると思っていたのだが、少々甘かった。確かに、考えてみれば地方の移動手段は車である。地元の人が通うような美味い店は、きっと郊外にあるのだろう。徳島でのお遍路第一日目を思い出し、うどんとは相性が悪いのかも知れないとやや不安になる。やっと駅裏に一軒見つけ、他の客に習って見よう見まねで注文する。慣れない路線バスに乗るときと同じように、讃岐うどんの店にもそれぞれ作法があって妙に緊張するものである。イリコ出汁もかつお出汁も、どちらも美味そうである。今日は歩く区間も比較的短そうなので、軽くビールで景気をつける。

いよいよ、標高九一一メートルにある六十六番札所「雲辺寺」を目指す。

徳島の十二番札所「焼山寺」よりも高く、八十八ヶ所で一番高所にある札所である。今回はフクショウの足を心配し、「雲辺寺」まで麓からロープウェイを利用することにした。

十二時十七分の乗り合いバスで「谷上《たにがみ》（教育センター前）」まで行く。「雲辺寺」は、愛媛最後の六十五番札所「三角寺」から直接来れば約二十三キロ、歩いて七時間の難所である。やは

66番札所雲辺寺

麓からロープウェイで

り、かつての「遍路転がし」の一つである。「道しるべ」を辿りながら、ロープウェイ乗り場を目指す。

キヨシッ、キヨシッと鳴くのはキビタキだろうか、シジュウカラや谷を渡るウグイスの鳴き声に囲まれ、春を満喫しながらも麓まで一時間半を要した。「支柱間の長さ日本一」のアナウンスを聞きながら、ロープウェイ「山麓駅」から山頂まで絶景を楽しむ。お遍路姿も何人か乗っている。久しぶりにお遍路さんの姿を見かけると、懐かしくて心強いものである。

六十六番札所「雲辺寺《うんぺんじ》」（三好市）に着いたのは午後三時。仁王門をくぐって境内に足を踏み入れると、ヒンヤリと澄んだ空気の中でミツバツツジの薄紫が映える。眼下の観音寺の街には点々と溜池が広がり、その向こうには遠く瀬戸内海が霞んでいる。

県境に位置する「雲辺寺」は、実は蔦監督の〝さわやかイレブン〟で有名になった池田高校のある「徳島県三好市池田町」に位置する。「徳島マイラブ」のフクショウは、早くも山頂付近から徳島方面を眺め、ため息をついている。

「アッチはもう徳島なんだなあ。アソコを歩いたのが、もうずいぶん昔のことのように思えるよ。懐かしいなァ！」

久しぶりの、そして『菩提の道場』で初めての般若心経とご本尊の「千手観音菩薩」の真言〈おん、ばざらたらま、きりく、そわか〉を唱える声にも、グッと力が入る。

〝奇跡〟そして多難の予感

「雲辺寺」から麓までの五キロ、標高差約九〇〇メートルを一気に下る。

「事件」はここで起きた。歩き始めがいきなり下りというのもかえってつらいものである。秋に降り積もった落ち葉が、ツルツルと滑る。

「フクショウ、大丈夫か？　急ぐ必要ないからゆっくり行こうぜ」

「あゝ」フクショウも痛む足を庇いながら、木や岩をつかみながら恐る恐る下って行く。相当しんどそうだ。私の膝も次第に笑ってくる。

無理は禁物、一時間ほど下ったところで小休止することにした。高知で懲りて以来、意識的に水を飲む習慣が身についた私は、まず水を飲み、その横でフクショウが一生懸命脚の屈伸を繰り返す。

「さあ、もうあとひとがんばり。行こうか！」そして、再び下り始めて麓まであと少しというところで、突然、フクショウが叫んだ。

「携帯がない！」

「えっ？もう一度よく探してみなよ。ポケットになければ、リュックの中にでもしまったンじゃないか？」

「いつも何かを探している」と私のことを〝ボケ老人〟扱いしているフクショウの顔も、次第に青ざめてくる。

「イヤ、雲辺寺で一度メールを確認して、そのあと確かにズボンのポケットに入れたんだよ」

そう言いつつ、ポケットやリュックの中を探すが、どこにも見当たらない。念のために私の携帯から電話してみるが、反応がない。今頃、山奥のどこかで空しく鳴っているのだろうか。

「もしかしたら、アソコで休憩したときに落としたのかなァ？」

「戻ってみるか？」そうは言ってみたものの、もう夕方四時を過ぎている。今から疲れ果てた足で登っても、休憩したところまで優に二時間はかかるだろう。そこからまた暗い山道を下るのは危険でもあるし、第一、携帯電話が見つかるという保証はどこにもない。冷静に考えれば、あるかどうかわからない携帯を探しながら再び登って行くというのは、まずあり得ない選択肢だろう。

「仕方がない、もう諦めるよ。携帯は諦めるとして、アドレスがなぁ」すっかりフクショウはしょげ返っている。

「取り敢えず予約した民宿に行ってサ、もし後々誰かが届けてくれたら知らせてくれってお願いしよう。明日、最寄りの警察にも届けておこうよ」そう、私が慰めると、

「ウン、そうだな。しかし、あの山道では誰にも会わなかったよなァ。何日かあとにたまま誰かが通りかかったとしても、登る人はともかく、オレ達みたいに必死で下る人があの落ち葉の中で携帯に気づくかなあ？　まず〝奇跡〟みたいな話だよ。いいよ、諦めるよ。取りあえず民宿に行こう」

そして、お互いに浮かぬ表情のままそこから十五分ほど下ったときに、その〝奇跡〟は起こったのである。

後方からガサガサと足音が近づいて来るので振り向くと、一人のお遍路さんが曲がりくねった山道を力強い足取りで下って来る。そして、我々に気づくと大きな声で、

「携帯、落としませんでしたか？」と訊く。

「アッ、さっき落としちゃったンですけど、もしかしたら」とフクショウ。

「今、下りてくる途中で拾ったんだけど、さぞかし困ってるだろうなと思って。コレですか？」

「アッ、確かにっ！　いやあ、どうもありがとうございます。たった今、誰かが見つけてくれたら〝奇跡〟だって話してたところなんです」

「そりゃあ良かった。じゃあ、コレ。お先に！」

そう言ってフクショウに携帯を渡すと、力強い足取りで風のように下って行った。茫然と、まるで後光が差しているようなその後ろ姿を見送りながら、フクショウは呟いた。

「〝神様〟はいた！」

「違うだろ！」

「そっか、〝お大師さん〟だ！」俄然、元気が出て、そこから数十分ほど歩いて今日の宿、民宿「青空屋」に飛び込んだ。

「もしかしたら、お客さんたちが携帯を落とした人な？」

民宿の奥さんがいきなり訊く。訳を尋ねると、拾ってくれた人も同じ民宿に泊まっており、宿に着くなり、

「いやあ、さっき山道で携帯を拾ったんでここに預けて行こうと思ったんだけど、たまたま落とした人に出会えて良かったよ」

そう言って、早々とお風呂に入っているのだという。何という偶然。

その日の夕食は、他のお客さんも交えて、今日の顚末で大いに盛り上がった。「携帯の恩人」は、千葉県の篠原さんという方で、江戸川区に住むフクショウとはお隣さん同士である。二人で交互に〝生きお大師さん〟にお酒をお注ぎする。話を聴くと、もう七十歳を過ぎておられるが、二十回以上「歩き遍路」で回っているという大ベテランであった。納経帳を見せていただくと、御朱印で真っ赤である。追い越して行ったときのあの健脚ぶりに納得するとともに、改めて、七十代の先輩方のパワーに感服させられた。

「歩き遍路をそんなに長く続けられるコツをぜひ教えて下さい」

「携帯の恩人」篠原さんと

「今日は私も仕方がなかったんだけど、遅くとも三時までには宿に着いてゆっくり寛ぐことですよ。無理は禁物。そして、できるだけ朝早く出発するんです」

「なるほど。我々みたいに五時の納経所の刻限に合わせて無理して歩いちゃいけないンですね。四十九番札所の『浄土寺』なんて、コイツに無理矢理走らされて散々な目に遭ったんですから」とフクショウは、私を指さしながら痛いことを言う。

「イヤ、だからそのときは、オレはたまたまキャラバンシューズだったから。アレは走りづらい。その間、オレは寺に電話して納経所を閉めるのを待ってもらったンじゃないか」

〝弥次喜多話〟を他のお客さんも笑いながら聴いている。そして、まだしつこく盛り上がる我々をよそに、朝が早い篠原さんと他のお客さんは腰を上げる。この辺が、我々弥次喜多との違いである。

「朝、お会いできるかどうかわからないので、改めてありがとうございました。そしてみなさんも、良いお遍路をお続けください。どうぞお気をつけて！」

東京に戻ってから、フクショウは改めて篠原さんお礼をさせていただいたそうであるが、また一つ、忘れられない思い出ができた。

《いつも何かさがしているようだナひばり》（風天四十六歳）

雪隠詰め事件

〔四月三十日(日) 晴れ〕

表に出て、朝の新鮮な空気の中で思い切り深呼吸をする。今日もいい天気になりそうだ。お世話になった篠原さんは、既に朝早く出発したようであった。お遍路でどんなに疲れていても、早朝のキリッとした冷気に触れると身体中にパワーが漲ってくるような気がする。改めて辺りを見渡すと、里山に囲まれた畑の周りには菜の花が咲き誇っていた。昨日、携帯を落として落ち込むフクショウと一緒に宿に辿り着いたときには、周りを見渡す余裕すらなかった。

六時半、朝食代わりのおにぎりを受け取り、宿にお礼を言って出発する。青空が広がり、無事、携帯が戻って来たフクショウの表情も明るい。まさに「青空屋」の名の通りの民宿であった。

一時間ほど歩き、小さな石橋を渡ると、六十七番札所「大興寺《だいこうじ》」(三豊市)である。このお寺の山門にも、運慶作と伝わる仁王像がぐっと睨みを利かしている。山門をくぐり、鳥のさえずりが聞こえる境内で早速おにぎりを頬張る。いつもながら、緑溢れる静かな境内

67番札所大興寺

でいただくおにぎりほど美味いものはない。

「大興寺」を出ると、小さな沼からまるで湖のような池まで点々と溜池が続く。讃岐の人々の命を繋いできた溜池である。それにしても、毎年のように台風に襲われながらも水源の豊かな高知と、常に水不足に悩まされる香川。四国山脈の北と南でこれほど気候が違うということは、それぞれの文化や県民性にも影響を与えているのだろうか。

愛媛、香川と次第に目にすることが多くなった麦畑が黄金色に実り、その向こうには讃岐平野が広がっている。そしてその中に、一千万年以上前の火山活動とその後の浸食によって形作られたという、お椀を伏せたような「おむすび山」がポツポツと点在する。

久しぶりの手ごたえを感じながら歩くこと二時間半、六十八番札所「神恵院《じんねいん》」（観音寺市）に到着である。コンクリート造りのモダンな神恵院の裏には、六十九番札所「観音寺《かんのんじ》」（観音寺市）が並んでいる。一つの納経所で二寺の御朱印をもらい、得をしたような、少しご利益が薄いような、不思議な感覚である。

階段を上がると、「琴弾八幡宮《ことひきはちまんぐう》」である。眼下に、江戸時代に藩主を喜ばせるために一夜にして作られたと伝わる「寛永通宝の砂絵」が広がる。その向こうには、イリコの産地である伊吹島が瀬戸内海にポッカリと浮かぶ。

絶景に見とれていると、缶ビール片手に地べたにヤンキー座りしたお爺さんと目が合った。

缶ビール片手のお爺さんと
話し込むフクショウ

歯の抜けた顔でグルリと観光客の顔を睨《ね》めまわしている。

怪しい気配を感じて目をそらし、遠景を写真に撮ったあとフクショウを探すと、何といつの間にかベンチに座ってそのお爺さんと話をしている。

「ナンの話をしてたの？」あとで訊くと、

「屋島の近くでネ、毎朝、タケノコ掘ってンだって。それで、この季節になるとココで売ってるんだけど、今日は観光客ばっかりで一本も売れないんだってサ」

「フーン。それで昼間っから座り込んで缶ビール飲んでたって訳か」

しかし、短い間にそこまで話を聴いているとは、さすがどこまでもお年寄りに優しいフクショウなのである。伝説によると、お大師さんは、優しいお婆さんのためには持っていた錫杖《しやくじよう》で清水を湧き出させてやり、強欲で意地悪な爺さんには、相当厳しい罰を与えたようである。

「クワバラクワバラ」。

向こうの方に、観光客相手に軽自動車で飲み物を売っているおじさんがいた。先ほどのお爺さんもここで買ったのだろう。私も缶ビールを二本買い、一つをフクショウに渡す。

「ナニ？」

「まあまあ、どうぞ」

「ナンだ、気持ちワリイなあ」

二人ベンチに座って、鏡のように滑らかな瀬戸内海を眺めながらコンビニ弁当を広げる。春の陽が降り注ぐ中で、瀬戸内海を渡って来る風が木々の間を優しく吹き抜けて来る。今日も穏やかで贅沢な四国の昼下がりである。

「おべんとうはとても景色のよいところでいただいた、松の木のかげで、散松葉の上で、石路の花の中で、大海を見おろして」
『遍路日記』

弁当を食べ終わってから、静かに流れる財田川沿いを上流に向かって歩く。あまりの気持ち良さに、途中、川岸に座って休憩する。聞こえて来るのは鳥の声とせせらぎの音だけである。遠くでひばりの鳴く声もする。

「ずーっとこうして座ってたいなァ……。さて、そろそろ腰を上げるとするか」

距離にして五キロ、一時間半ほどで七十番札所「本山寺《もとやまじ》」（三豊市）である。国の重要文化財になっている珍しい円柱の仁王門をくぐると、五重塔が聳える。「本山寺」のご本尊は、四国八十八ケ所の霊場唯一の「馬頭観音」である。国宝に指定されている本堂で「馬頭観音」の真言〈おん、あみりと、どはんば、

川岸に座ってひと息

71番札所弥谷寺の磨崖仏

うんはった、そわか〉を三編唱える。

「本山寺」から次の七十一番札所「弥谷寺《いやだにじ》」までの十一キロは、フクショウの足の具合を心配して、一部列車を使うことにした。「本山寺」にほど近い「本山駅」から予讃線に乗り、「みの駅」で降りる。そこから約四キロを一時間ほど歩くと、七十一番札所「弥谷寺《いやだにじ》」（三豊市）である。仁王門をくぐって石段を四〇〇段ほど登ると大師堂、さらに一四〇段登ったところが本堂である。さすがにしんどい。「弥谷寺」は、お大師さんが幼い頃学問を学び、長じてから修行した寺である。本堂へ行く途中の崖には、お大師さんが彫られたという「摩崖仏」が三体並んでおり、手を合わせる。岩に囲まれ、四十五番札所「岩屋寺」と同じく、独特の霊気を醸し出している。本堂からは、溜池が点在する讃岐平野が広々と見渡せた。

ここから先は札所が比較的隣接しており、ある程度行程の目途もついたことから、少し戻って今日の宿泊先「いやだに温泉」へ向かうことにする。時間はまだ四時前。昨日お話を伺った篠原さんのように二時、三時と言う訳にはいかないが、我々にとってはこれまでで一番早い宿入りとなる。

ところが、ここでまた一騒動、「事件」が起きた。

駐車場にあるトイレに入っていざ出ようとすると、何と戸が開かないのだ。押しても引いてもビクともしない。

「えっ、ナンだ？」私のほかに人の気配はない。戸を叩き、大声で呼ぶものの応答なし。次第に焦ってきて思案することしばし、表で人の声がする。そして、ガチャリと鍵を開ける音がして戸が開き、管理人と思しき人物が顔を覗かせた。その後ろにフクショウの姿が見える。

「あゝ、入っちょった？　誰もおらン思うとったんやけど」（入っちょった？）ではない。冗談じゃない。訳を訊くと、鍵の開閉をする管理人さんが今日はもう誰も来ないだろうと勝手に判断し、鍵をかけてしまったのだという。フクショウは突然いなくなった私を探していて、たまたま車に乗り込もうとしている管理人さんを見つけたらしい。

「トイレに誰かいませんでしたか？」そして、念のために鍵を開けてもらうと、そこに情けない顔をした私がいた、という次第だ。

「ホンなら、鍵かけるわナ」そう言うと管理人さんは、何事もなかったかのように車で麓へ帰って行った。

「しかし、まだ四時前だぜ。鍵かけるなら、ふつう『どなたか入ってますか？』ぐらい声かけるだろう、まったく！」憤慨する私に、

「いやァ、たまたまオレが気づいて良かったよ。ククク……」恩着せがましくそう言うと、嬉しそうに笑っている。確かに、あのまま閉

このトイレに！

じ込められていたらと思うとゾッとするが、どうも体よく四十九番札所「浄土寺」の仇を取られたようで何か悔しい。

ところが、このあと、今は愉快そうに笑っているフクショウともども、山の中のとんでもない所に閉じ込められることになるのである。


宿泊先の「天然いやだに温泉大師の湯」で汗を流し、ホールのレストランで今日の間抜けな顛末を肴に乾杯したが、その焼酎の水割りのジョッキの大きさに二人とも目を丸くする。通常の生ビールの大ジョッキよりもデカい。

「どこぞやのアパート民宿と同じで、飲みゃあイイってもんじゃないよなあ!」と言いつつ、今日も間抜けで罰当たりな弥次喜多二人の夜は更けていく。

せっかくの温泉にも拘わらず、今回も最初のひとっ風呂だけのフクショウを横目に、私はいつものように最低五回の入浴義務を果たした。もっとも、朝風呂で派手に転び、「大丈夫ですか?」と周りの人を心配させたことは、もちろんフクショウには内緒である。決してお遍路の疲れや歳のせいではなく、あくまでも床の水に足を滑らせただけである。それでも、もうここまで来たら最後まで気を抜くことなく、無事に残りのお遍路を終わらせたいものである。

ここがお大師さん生誕の地

〔五月一日(月)　晴れ〕

昨日は少しゆっくりしたので、今日は何としてでも札所八ヶ所を回り終えなくてはならない。宿を出発し、五月のまばゆい空の下、溜池の間を縫うように歩くこと約四キロ、一時間で七十二番札所「曼荼羅寺《まんだらじ》」（善通寺市）に着く。

そこからすぐ十分ほどで七十三番札所「出釈迦寺《しゅっしゃかじ》」（善通寺市）へ、さらに三・五キロを一時間ほど歩いて、お大師さんが幼い頃よく遊んだという七十四番札所「甲山寺《こうやまじ》」（善通寺市）をお参りする。この辺りは大師のふる里である。ここから十数キロ先にお大師さんが大改修したことで知られる「満濃池」があるが、残念ながら立ち寄る時間はない。

さらに麦畑を抜けて市街地を三十分ほど歩くと、いよいよ弘法大師生誕の地、七十五番札所「善通寺《ぜんつうじ》」（善通寺市）である。

「とうとう『善通寺』まで来たなあ！」

弥次喜多二人はポカンと口を開け、境内の外から聳え立つ五重塔を見上げる。「高野山金剛峯寺」、京都の「東寺」と並ぶ真言宗の三大霊場の一つである。

東院の大門をくぐると、四国霊場随一を誇る広大な境内が広がる。右手に五重塔が聳え、正面に本堂がどっしりと構える。樹齢千年を超える大樟《おおぐす》が天高く枝を茂らせ、我々を迎えてくれる。樟《くす》は、空海が好んだという木である。本堂、そして大師堂をお参りする。

〈南無大師遍照金剛、南無大師遍照金剛、南無大師遍照金剛〉

大師の御宝号を唱える声にも力がこもる。

大師生誕の地とも言われる西院の御影堂で納経を済ませ、重要文化財となっている高さ四十三メートルの五重塔に登って境内を見下ろす。大楠の葉を揺らせた風がそのままサーッと上がって来て五重塔の上層階を吹き抜ける。しばし、視線を遠くの風景に走らせながら、お大師さんの青年期に思いを馳せる。

一族の期待を一身に背負って京に学ぶが、やがて野山を駆け巡る日々を送るようになる。三十歳を過ぎ、私費留学僧として念願の遣唐使船に乗り込むものの暴風雨で遥か福州まで流され、数か月後、苦難の末に唐に入る。そこで真言密教第七祖「恵果」の慧眼に触れ、門人千人の筆頭として「灌頂《かんじょう》」を授かり、第八祖「遍照金剛」となるのである。門人たちの崇拝を受けながら、二十年の留学期限を僅か二年で切り上げ、膨大な経典とともに大宰府に入る。満を持して上京したあとは、「教王護国寺（東寺）」「東大寺」そして「高野山」を舞台として『真言』、すなわち「仏の真実の言葉」を、「身・口・意」の「三密」を通して、直接、弟子たちに体感

善通寺五重塔にたたずむフクショウ

させようとしたのである。

お大師さんの〝凄み〟は、決して現実から逃避することなく、朝廷を始めとする「時の権力」とも絶妙の距離を保ちながら「鎮護国家」を祈り、一方で「満濃池」の大改修や庶民のための教育機関である「綜芸種智院《しゅげいしゅちいん》」を創設するなど、「社会・文化活動」をも同時並行で行い得たことだろう。恐らく、お大師さんにとっては、その間に何の「境界線」もなかったはずである。「国家」の存在意義を認めながら常に目線は「民衆」と同じ高さにある。「現世」を受け入れる〝柔軟さ〟と真言密教に対する絶対的な〝自信〟を合わせ持った偉大なる巨人の生涯が、この地で始まったのである。

どのぐらい座っていたのだろうか、五重塔を下りたあと宝物殿を見学し、改めて境内を散策する。

「すみません、写真を撮っていただけませんか？」

大樟の前で、若い女性二人組みの観光客から声をかけられた。

「どうぞどうぞ。ご旅行ですか？　ちゃんと写ってますか、お気をつけて！」

お大師さんに思いを馳せたあとは、もう弥次郎兵衛の気分は〝ベテランお遍路さん〟である。

「じゃあ、西院から出ようか」

フクショウを促して西院に戻ろうとしたそのとき、急に思い出した。

「アッ、カメラ忘れた！」

自動シャッターに収まったのはいいが…

「えっ、またかい？」カメラを石段の上に置き、二人並んで自動シャッターに収まったのはいいが、そのまま置いてきてしまったのだ。人に写真を撮ってあげている場合ではない。慌てて御影堂の前まで戻ると、ポツンと寂しくカメラがそのまま石段の上に乗っかっていた。

「ナニが『旅行ですか、お気をつけて』だよ！」山道で携帯を落としてからやや素直になっていた喜多八であるが、昨日、私をトイレから救出してからは急に強気になり、上から目線で呆れてみせる。

「やっぱり、車椅子に乗ったオレが指示を出してイザワに押させるしかねえナ」

「……」悔しいがじっと我慢、また一発逆転を狙うしかない。

西院の堂々とした仁王門を出てしばらく歩くと、小さなうどん屋を見つけた。具に、地元の名物だという「タコの天ぷら」を注文する。黄色くカリカリに揚げられた大きな地ダコの足の天ぷらが、丼から半分以上はみ出している。パリパリと弾力のあるその食感は、天ぷらというよりまるで唐揚げのようでもあり、それだけでお腹が一杯になりそうである。名物だけあって、次々に注文が入る。

「さて、タコも食ったことだし、ボチボチ行くとするか」

残念ながら立ち寄る時間はなかったのだが、金刀比羅宮こと「こんぴらさん」もここから近い。

『男はつらいよ』第四十六作「寅次郎の縁談」では、寅さんと葉子（松坂慶子）が「こんぴらさん」をお参りする場面がある。親しくなった二人の〝楽しい休日〟である。

松坂慶子さんと言えば、私にもこんな思い出がある。一九七三年のＮＨＫの大河ドラマ『国盗り物語』の濃姫役で脚光を浴びていた頃、大分で彼女の野外撮影会があり、たまたま夏休みで帰省中だった私は、安物のカメラを手に物見高く「城址公園」まで出かけた。そして、高級そうなカメラを抱えたおじさんたちをかき分けると、先頭に陣取った。

「あゝ、ナンて顔が小さい！」それが二十歳の松坂慶子の第一印象であった。

そして数年後、紆余曲折を経て都庁に再就職した私は、どういう経緯だったかは忘れたが、組合が主催する山田洋次監督と彼女との対談を都庁ホールで聴いた。まだ都庁が有楽町にあった頃の話である。訥々と満州時代を語る山田監督と、「お役人さんの前でしゃべるのは初めてなので」と緊張して顔を赤らめる松坂慶子との、二人の朴訥でいかにも誠実そうなトークの不思議な空気感を、今でもはっきりと覚えている。

《汗濡れし乳房覗かせ手渡すラムネ》（風天六十五歳）

約四キロを一時間強歩いて七十六番札所「金倉寺《こんぞうじ》」（善通寺市）、そしてさらにペースを上げ、そこから約七キロを二時間弱歩いて七十七番札所「道隆寺《どうりゅうじ》」（多度津町）をお参りし、「多度津駅」に向かう。海の近くには、お大師さんが母親の生まれた地に建てた「四国別格二十霊場」の十八番「海岸寺」がある。唐へ向かうお大師さんも、多度津の沖を通る際には万感の思いでこのふる里を振り返ったことだろう。

そしてその沖合には、「寅次郎の縁談」の主要舞台となった「高見島」と「志々島」が並んでいる。

葉子（松坂慶子）と初めて出会い、一目惚れするのが「琴島」の名で登場する「高見島」である。次第に渥美さんの体調が厳しくなってくると、第四十二作「ぼくの伯父さん」以降は、泉（後藤久美子）と満男（吉岡秀隆）の恋愛模様が話の中心となり、『男はつらいよ』の景色もだいぶ変わってくる。私にとっても寂しいことであったが、〃おいちゃん〃役を森川信が務めていた頃のような初期の『男はつらいよ』に登場する「寅さん」の爆発するようなエネルギーは次第に薄まり、作品ごとにその表情が険しくなっていく。第四十六作ともなれば、どれほど厳しい体調で撮影に臨んでいたことだろうか。今思えば、本来なら病院のベッドで横になっていなければならない状態だったのかも知れない。

「多度津駅」から予讃線に乗り、車窓からまさに〃おむすび山〃の長男格とも言える「讃岐富士（飯野山）」や「丸亀城」を眺めながら、三つ先の「宇多津駅」で降りる。そこから一時間弱歩いて、今日八つ目のお寺、七十八番札所「郷照寺《ごうしょうじ》」（宇多津町）に着いた。残す札所はあと十ケ所、いよいよクライマックスが近づいてきた。

タクシーで、今日宿泊予定の「坂出駅」近くのビジネスホテル「ニューセンチュリー坂出」へ向かう。

いつものようにフロントで情報を仕入れ、この日は「鹿屋《ろくや》」という居酒屋の暖簾をくぐった。こざっぱりとした、落ち着いた雰囲気の店である。

「いよいよあと十ケ所だなあ。ナンていうか、安心したというか、嬉しいような寂しいような、不思議な気持ちだよ。残りもがんばろうナ！」フクショウにそう言って乾杯していると、カウンターで一人飲む中年の男性が目に入った。店主との会話を聞くとはなしに聞いていると、単身赴任のサラリーマンらしい。この店で飲むのが仕事のあとの何よりの愉しみなのだろう。

〝一人酒〟の背中にどことなく哀愁が漂う。

「大変だなあ、日本のサラリーマンは。がんばるよなァ！」

第一線を退いた弥次喜多二人は、グラスを傾けながら溜息をつく。すると、しばらくして、「ドーモォ、お待たせ！」と、夜にもかかわらず鄙《ひな》には稀《まれ》な洒落た帽子を被り、ノースリーブのシャツに赤いヒールを履いた女性が暖簾をくぐって入って来た。

「よオ！　今、来たばかりだよ」〝哀愁さん〟が、途端にニヤつく。

どうやら〝哀愁のサラリーマン〟氏は、彼女が勤めるお店の常連さんのようだ。

「奥さんに言うぞ。お大師さんに代わって『喝！』」二人顔を見合わせ、頷く。

かくして、坂出の夜も更けていく。

自衛隊演習場迷い込み事件

〔五月二日（火）　晴れ〕

六時半にホテルを出て約一時間歩き、七十九番札所「天皇寺《てんのうじ》」（坂出市）をお参りする。保元の乱で讃岐に流された崇徳上皇が崩御した場所である。上皇を祭る「白峰宮」と隣接し、「天皇寺」という名前といい、山門の代わりに鳥居が立つというのも珍しい寺である。

「八十場《やそば》駅」までの一キロを歩き、予讃線で三つ先の「国分駅」まで行く。三十分ほど歩くと、八十番札所「国分寺《こくぶんじ》」（高松市）である。

ここから八十一番札所「白峯寺」までの約六・五キロの山登りは、歩くしかない。最後の「遍路転がし」ではあるが、なだらかな遍路道の多い讃岐路で久しぶりにこういう山道に出合うと、逆に嬉しいものである。春たけなわ、ウグイスの鳴き声も見事に透き通ってきた。

「大丈夫か？」フクショウに声をかける。

「だいぶキツくなってきたよ」

「♪夕べミミズの鳴く声聞いた～」讃岐路で久しぶりに歩きがいのある山道に出合い、「♪道中歌」で気合を入れる。薄霧が立ち込める森を抜けて二時間半、八十一番札所「白峯寺《しろみねじ》」（坂出市）に到着である。古い武家屋敷のような山門をくぐって長い階段を登ると、境内には源頼朝が建てた崇徳上皇の供養塔が二基たたずんでいる。本堂と大師堂をお参りし、崇徳上皇を祭る「白峯御陵」にも手を合わせて出発する。

そして、次の八十二番札所「根香寺《ねごろじ》」に向かう途中で、その「事件」は起こった。七十一番札所「弥谷寺」のトイレで「雪隠詰め」に遭って大いに懲りたのだが、今度はフクショウともども、山の中に「雪隠詰め」されたのである。

深い樹林を抜けると、一本の尾根道に出た。「道しるべ」は見当たらなかったが、人の踏み跡が尾根道を越えて山の中に続いていたので、何の疑いも持たずに真っすぐそのまま道なりに進んで行った。途中の草地には蕨やゼンマイが生えている。

「凄いなァ、山菜の宝庫じゃないかココは。地元の人はわざわざこんなとこまで採りに来ないのかな」思わず感嘆の声を上げる。木洩れ陽を浴びながら歩いて行くと、次第に薄暗くなっていく。相変わらず「道しるべ」は見当たらず、さすがに心細くなってくる。しかし、途中の草むらに弁当の食べカスを見つけ、人の〝痕跡〟に安心してそのままズンズン奥へ進んで行った。するると、急に人の踏み跡がパッタリと途切れてしまったのである。

「オイ、さすがにおかしいなァ」私が呟くと、フクショウも、

「ウン、ナンかおかしいなァ。戻ろうか？　しかし、もう三十分以上歩いてるから、ここから引き返すと一時間のロスになるよ。もうちょっと行ってみるか」

山登りと同じで、この判断が明暗を分ける。

「仕方ない、フクショウ。一旦戻ろうや！」そして、横切った尾根道まで引き返し、焦る気持ちで周囲を歩き回っていると、突然フェンスが行く手を遮った。

「おかしいなァ、ナンでこんなところに」草をかき分けながらフェンスに沿って歩いて行くと、〈自衛隊演習場　立ち入り禁止〉の札が下がっている。

「向こう側は演習場だってサ。まずいナ、早く行こう！」ところが、どこまで行ってもフェンスが続く。

「一体どうなってんだ？」そして、ハタと気がついた。

「オイ、もしかして、オレたち演習場の中に入り込んじゃったンじゃないの？」

「えっ！」どこでどう間違えたのか、フェンスに遮られるどころか、〃迷路〃のように「演習場」の中に紛れ込んでしまったようだ。遠くで演習の音が聞こえたような気がして、益々焦ってくる。

「見つかったら厄介だナ」

「遍路姿だから大丈夫だよ」

「イヤ、遍路姿の〃彼の国のスパイ〃って可能性もあるじゃないか」

などと、冗談とも本気ともつかないことを言いながら、次第に顔を強張らせつつ必死に出口を探す。フェンスの上には有刺鉄線が張り巡らされ、恐らく電流も流れていることだろう。フェンスから離れ、敷地内を真っすぐ突っ切ろうとすると、今度は突然、大きな倉庫にぶつかった。数ヶ月前、行方不明になった男の子が自衛隊の倉庫のマットにくるまって寒さをしのぎ、数日後に無事発見されるというニュースがあったことを思い出した。

そして、やっとのことで大きな両開きのフェンスの扉を見つけた。しかし、中央にガッチリと大きな鍵が掛けられており、万事休す。ふと、扉を支えている支柱の方を見ると、一方の脇に少しだけ隙間があることに気がついた。慌ててリュックと菅笠を扉の上から外へ放り投げ、身体を斜めにして辛うじてその隙間から脱出することが出来た。

〈警告　立ち入り禁止 Keep Out　自衛隊演習地につき立ち入りを禁止する〔善通寺駐屯地業務隊長〕〉と書かれた入り口の前で、思わず二人ともへたり込む。そして顔を見合わせると、思わず笑い出した。

「しかし、お互い、ナンか情けねえなア！」

〈初老のお遍路二人、自衛隊基地から救出〉地元紙の見出しが脳裏に浮かぶ。

「そんなことより、とにかく一刻も早くここをズラかろう。見つかってアレコレ説明を求められても厄介だよ」

そして、這《ほ》う這《ほ》うの体《てい》で林道を抜け、偶然見つけた峠のうどん屋で一息ついたのである。

そして、やっと「道しるべ」を発見し、再び山を登り始める。

自衛隊演習場から脱出！

82番札所根香寺

〈イノシシ出没注意〉の看板や〈陸軍用地〉と書かれた石標、そして江戸時代に彫られたのであろうお地蔵さんの前を大急ぎで通り過ぎ、八十二番札所「根香寺《ねごろじ》」（高松市）に到着したのは既に五時近く、予定時間を大幅に過ぎていた。大草鞋が下げられた仁王門をくぐり、お参りを済ませてホッとする。

　このあと、予定では「鬼無《きなし》駅」まで二時間ほど歩いて列車に乗ることになっていたが、春とはいえ陽は少しずつ傾き、急遽、一番近い「下笠居」の街まで下りることにした。遠く輝く瀬戸内海を見ながら一気に山を下り、最寄りのバス停で時刻表を確認すると、はたしてバスは出たあとであった。仕方なく、地元のタクシーにバス停まで来てもらうことにした。

「ナンて一日だ。それにしても疲れたな！」タクシーのシートに二人グッタリ背をもたせかけ、ため息をつく。そして、宿泊先の琴平電鉄「瓦町駅」近くの「ダイワロイネットホテル高松」に着いたときには、もう六時をだいぶ過ぎていた。

　ホテルで汗を流したあと、さすがに夜の街を出歩く元気もなく、ホテルの下にある「ふるさと」という居酒屋で反省会となった。

「今日はさすがに参ったなァ」

「ホント、参ったよ。しかし、どこでどう間違えたかなァ？」二人で苦笑いするしかない。

後々までの〝お笑い草〟がまた増えてしまったが、取り敢えずの生ビールが今日は〝格段に旨い。考えてみれば、明日は民宿泊り。ここがお遍路最後の「居酒屋」となる。宿坊も民宿もそれぞれ味があって思い出深いが、お遍路で四国の隅々を歩かなければ決して立ち寄ることもなかったであろう〝小さな街〟の〝小さな居酒屋〟で、旨い酒、美味い郷土料理、そして地元の方々との楽しい語らいは、何よりの宝物であった。それも、今日が最後である。

「ナンダカンダで、それでもナンとかここまで辿り着いたなァ」とフクショウ。

「ウン。一体いつまでかかることやらと思ってたけど、いよいよ大詰めだナ」

「五年前にお遍路を始めたときは最後まで回る自信なんてなかったけど、あと少しだと思うと、ナンか呆気ないやら寂しいやら。とにかく、ここまで巡り着いた自分に感心するよ」

「そうだよなあ。満身創痍になりながら、フクショウも最後までよくがんばったよ」

「ホント。足を捻挫したときにはさすがに諦めかけただけに、感無量だよ。お互い、喧嘩もせず、ここまでよく続いたと思うよ。思いがけず、何十年ぶりかでこの目でふる里も見ることが出来たし、ありがとナ！」

「イヤイヤ、毎回、きちんと行程案を作ってくれたフクショウのお陰だよ」

今夜は、やけに二人とも素直である。長い道中、歩きながらずいぶんくだらない話もしたような気がするが、新宿のガード下や浅草のホッピー通りでは決して出ないようなお互いの本音も、四国の自然に囲まれながら率直に交わし合ったような気がする。一つ部屋で寝るときにも、語らいは尽きなかった。一つひとつを思い出すことは出来ないが、心地いい疲れとともに、得も言われぬ充実感が残っている。考えてみれば、すべてお大師さんの導きであり、道中ずっと側にいてくれた「寅さん」のお陰でもあり、そして、その渥美さんが憧れた「山頭火」の面影も、そこかしこにあったような気がする。それも、あと少しで終わる。ホッとしたような、しかし、いつまでも歩いていたいような、何とも形容しがたい思いで、その日は夜遅くまでしんみりと飲んでいた。

静かなラストウォーク前日

〔五月三日(水) 晴れ〕

いよいよお遍路も大詰め、朝早く目覚める。

琴平電鉄「瓦町駅」から六時三十五分の電車で琴平線の「一宮駅」まで行き、今日最初のお寺、八十三番札所「一宮寺《いちのみやじ》」(高松市)をお参りする。

次は、いよいよ屋島にある八十四番札所「屋島寺」を目指すのであるが、距離にして約十四キロ、歩けば四時間半の行程になるため、列車を利用することにする。

「一宮駅」から再び「瓦町駅」に戻り、志度線に乗り換える。遠くからでも一目でわかる特徴的な溶岩台地、「屋島」の威容が次第に近づいて来る。「潟元駅《かたもと》」で降り、遍路道を辿る。舗装された一・五キロの道を登り始めると、休日の早朝にウォーキングするお年寄りたちと一緒になる。リュックを背負ったハンディはあるものの、歩き慣れた坂道で軽々と我々を追い越していく。ベテランお遍路さんといい、ウォーキングのお年寄りたちといい、鍛え上げた七十代パワーにはただただ圧倒される。

歩くこと一時間半、八十四番札所「屋島寺《やしまじ》」（高松市）に到着した。

「善通寺」とともに、この「屋島寺」をお参りするのを楽しみにしていた。もちろん、源平合戦の古戦場の一つということもあるが、寺の始まりが、「鑑真」が大宰府から奈良へ向かう途中に立ち寄ったことに由来するという。

私が実家の仕事を辞め、再び上京して想像もしていなかった公務員生活を始めた頃、出張の帰りに奈良の「唐招提寺」に立ち寄ったことがある。天平の香りを色濃く残す「伽藍」を前にして、これからの人生設計に思いを馳せた。以来、静かに、温かく包んでくれるようなそのたたずまいは、私にとってまるで「古のふる里」のような存在になった。「空海」と、その「空海」が生まれる十年ほど前に没した「鑑真」に、どこか通い合うようなある種の〝気迫〟を感じるのである。

お参りしたあと展望台に向かい、那須与一の「祈り岩（扇の的）」や義経が海中に落とした弓を拾い上げたという「義経弓流し」を一望する。相引川《あいびき》の向こうには、これから向かう「八栗山《やくりさん》（五剣山）」

84番札所屋島寺

が聳える。

　時間に余裕があったので、「宝物館」に寄ってみることにした。源平合戦に関するものは当然のこととして、意外にも、「鑑真」作と伝わるものなど、国宝級かと思えるような仏像が各時代に渡って幅広く収蔵されていた。その内容の濃さに圧倒されたものの、ご本尊の「十一面千手観世音菩薩像」が国の重要文化財に指定されているほかは、特に何の「表記」もない仏像が多いような気がした。

「どういう基準で『国宝』とか『重要文化財』とか決めるんだろうか？」私が呟くと、フクシヨウも、

「そうだよなあ、別に古い方が貴重ということでもなさそうだなあ」と首を傾げている。

　宝物館を出る際に、受付の女性に訳を訊ねてみた。

「どう見ても、文化財級の仏像がたくさんあるような気がするンですけど」

「ホンになァ。けンど、指定されるとナ、国の定期調査とかナンとか、えらいしんどいらしいんよ。ホンで住職が申請せんのよ」

「……」

　屋島寺を出て山を下り、展望台から見下ろしていた風景の中を歩く。義経をかばって矢で射られた佐藤継信の菩提寺である「須崎寺」、その継信の弟忠信に討たれた「菊王丸の墓」、そして「安徳天皇社」など、次々に「歴史」が現れる。八栗山の中腹にある八十五番札所「八栗

寺」までは二時間の道のりであるが、そろそろフクショウの足も限界に近づいてきたことから取り敢えず麓まで歩き、そこからケーブルカーを利用することにした。以前なら、当然のごとく勇んで山道を登って行くところだが、残念ながら五年の月日の流れは弥次喜多二人にとって大きかった。

それでも、麓まで一時間半を要した。ついでに、フクショウが友人からぜひにと薦められたという「うどん本陣山田家」に立ち寄ってみることにした。地元の人にも人気の讃岐うどんの名店らしく、一日に四千人が並ぶという。幸い、十時の開店前だったので並んでいる人もさほど多くはなかったが、広い駐車場には香川ナンバーの車がひっきりなしに入って来る。耳にレシーバーを当てた店員さんの案内で古民家風の広い店内に入る。讃岐うどんというと「知る人ぞ知る」という風合いの小さな店を想像していた我々は、その店構えに圧倒される。

「八栗登山口」からケーブルカーで五分、八十五番札所「八栗寺《やくりじ》」（高松市）である。

「寅次郎の縁談」では、ここ「八栗寺」の参道にある〝よもぎ餅屋さん〟の店先から「寅さん」がさくらに電話し、満男が無事に柴又に帰り着いたかどうか確認する場面が出てくる。

余話として、このとき渥美さんのメイクに二時間もかかり、石段を登るのも一段一段がしんどそうだったという。病身の渥美さんにとって、さぞかしつらい撮影だったことだろう。

八栗新道を三キロ下って「八栗新道駅」まで歩き、琴平電鉄志度線で「琴電志度駅」に向かう。のどかな田園風景が広がる中、駅から志度湾方向に歩いて三十分、藤原不比等開基と伝わる八十六番札所「志度寺《しどじ》」（さぬき市）である。ここでも、運慶作の木造金剛力士像と大きな草鞋が掛かる仁王門が我々を迎えてくれる。緑溢れる境内に足を踏み入れると、四季折々の草花が「お遍路最終章」に差し掛かった我々二人を癒してくれ、鮮やかな朱色の五重塔が聳え立つ。国の重要文化財になっている本堂で手を合わせると、

「残すところあと二寺！」という感慨が胸に迫る。微かに海の香りが漂うようである。

ＪＲ高徳線の「志度駅」で列車を待つ間、「平賀源内記念館」に立ち寄ってみることにした。それにしても、「土用の丑の日」を思いついたともいうユニークな天才エンジニアの平賀源内が、この小さな街の出身とは。つくづく、最後まで思わぬ「歴史」に出合わせてくれる「へんろ旅」である。

「志度駅」から二つ目の「造田駅《ぞうた》」で降りる。今日の最終目的地、八十七番札所「長尾寺《ながおじ》」（さぬき市）を目指して一時間ほど歩く。

「これが八十八ケ所一つ手前の八十七番札所か！」

広い境内にはバスが止まり、お遍路さんが大勢下りて来る。高松市内にも近く、八十八番札所「大窪寺」と合わせて車やバスで手軽に回ることが出来るお寺なのだろう。先に納経を済ませ、自分たちのペースでゆっくりお参りする。不思議なもので、市街地が近づいて来るにしたがって、しんどい思いをしながら必死に歩いたこれまでの深山幽谷の札所が一つひとつ懐かしく思い出される。

この日は、「長尾寺」のすぐ近くの民宿「ながお路」に泊まった。軽くビールで乾杯して、

すぐに部屋へ引き揚げた。

「今晩が最後だナ」

「あゝ、ナンかここまで来たら呆気ない気がするよ」

リュックから、道中お世話になったスキットルを出し、少しだけ残ったウイスキーを二人で飲み干した。話したいことが山ほどあるような気がしたのだが、その日は、二人ともすぐに床についた。

やっぱり最後もひと騒動
「寅さん、それでも何とか『結願』しましたよ！」

〔五月四日（木）　晴れ〕

いよいよ、最後の八十八番札所「大窪寺《おおくぼじ》」（さぬき市）を目指す。長尾寺からは十三キロ、四時間半の行程である。「最後の遍路転がし」ともいう急な山登りを覚悟しなければならない。

「どうだい？」フクショウに訊く。

「ゴメン、もう限界！」

「わかった、いいよいいよ。ここまで来て無理することたアない」

88番札所大窪寺で「結願」

民宿にリュックを預け、近くの「大川バス本社前」から八時四十四分発のコミュニティバスで最終目的地、八十八番札所「大窪寺」を目指す。

九時十五分、「大窪寺」に着いた。というより、正直、「着いてしまった」というのが実感である。五年前の春、一番札所「霊山寺」を出発してから足かけ五年、やっと八十八番目の札所に辿り着いた。特にフクショウは、言わば全身を傷めつけながらの五年間であった。最後は歩いて到達したかったのだが、健康な身体あってのお遍路、これもまた、「人生」である。明日から、それぞれ元気な身体でいつもの生活に戻っていかなければならない。

山門をくぐると、奇岩に覆われた「胎蔵ケ峰」を背負ったどっしりとした本堂が我々を迎えてくれる。納札を納め、蝋燭をそれぞれ灯して線香を立てる。ご本尊の薬師如来の真言〈おん、ころころ、せんだり、まとうぎ、そわか〉を唱え、そして大師堂に向かう。これが本当に最後のお参りである。

〈ぎゃーてい、ぎゃーてい、はーらーぎゃーてい、はらそうぎゃーてい、ぼうぢーそわか、般若心経〉そして、〈南無大師遍照金剛〉を三遍唱える。

「お疲れさん！」

「ああ、お疲れさん！」

どちらからともなく声をかけ合う。はたして、「彼方《かなた》」へ辿り着いたかどうか定かではないが、ほかに言葉はない。徳島を完歩したあと、二十三番札所「薬王寺」でガッチリと握手を交わし、感涙にむせんだ二人であるが、むしろ今回は、（これで本当に終わってしまうのだろうか）という思いが強く、まだ実感が湧かない。

先へ先へと必死に歩いた徳島、室戸岬、足摺岬とアクセスに苦労しながら歩いた高知、山頭火の終焉の地愛媛、そして、やっと辿り着いた香川。とにかく長かったが、終わってしまえばアッと言う間であり、もうこれ以上歩かなくていいというのに、だんだん寂しさが募ってくる。この八十八番札所「大窪寺」から一番札所「霊山寺」までは四〇キロほどの距離だという。もう一度、あの一番札所から歩き始めてみたい。二度、三度とお遍路に挑戦する人の気持ちがわかるような気がした。


納経帳の八十八番目のページに、「大窪寺」の墨書と「結願」の御朱印をいただいて、パタリと閉じる。そして、最後に『結願証』をいただき、さあ、帰ろうとしたときに、その不思議な出来事が起こった。『結願証』を受け取ったあと、それまで確かに手に持っていたはずの数珠がなくなったのだ。慌てて周囲を見回すが、見当たらない。

「たった今、落としたものが、どうして一瞬にしてなくなるンだ？」

キツネにつままれたような気持ちで茫然とする。八十八ケ所の霊場を一緒に回った大事なお数珠である。もう、役目が終わったということだろうか、それとも、ナマグサ遍路に対するお大師さんの天罰か。どう理解していいのか分からなかったが、とにかく残念であった。念のためにもう一度見回し、暗澹とした気持ちで納経所を出ようとすると、床に十センチほどの縦長の亀裂があるのを見つけた。

「アッ、きっとココから落ちたんだ！」慌てて外へ回り、床下に潜り込んだ。

「ナニやってんだ？」フクショウが訝しむが、

「数珠を落とした！」なんて、ここまで来てみっともなくて、とても言えやしない。「携帯」どころの話ではない。カビ臭い床下を這いつくばりつつふと上を見上げると、亀裂から一筋、陽の光が差し込んでいる。まるで、雲間から一筋の〝光芒《こうぼう》〟が降りてきているようだった。

「もしかして、あの真下にあるのかな？」これで見つかれば、それこそ本当の〝奇跡〟である。しかし、残念ながらそんな「仏教説話」のような展開にはならなかった。白衣を汚しながら必死に周辺を探すが、期待に反して数珠はどこにもない。悄然として床下から這い出し、白衣のゴミを払う。相変らず、フクショウは唖然として眺めている。

「しかしなあ？　それにしても不思議なことがあるもンだ」

独りごちながら、スゴスゴと納経所に戻る。仕方なく、新しい数珠を求めようとしたが、残念ながら手首に巻く小さな数珠しか置いていないという。止むなくそれを買い求め、代金を支払って後ろを振り向いた瞬間、何と納経所の片隅にある記帳台の下に、数珠が一つ転がっているのが見えた。

「もしかして？」近づいて急いで拾い上げてみると、まさしく私がなくしたと思っていた数珠である。しかし、それにしても、真下に落としたはずの数珠の束がどうしてこんな部屋の片隅にまでコロコロと転がっていったのか、どう考えても不思議であった。その〝意味するところ〟は皆目見当がつかなかったが、とにかくホッとして、道中分身となった数珠を大事に懐に入れ、訝しむフクショウを促して出発した。いよいよこれで「大窪寺」ともお別れである。そして、階段を下り、山門に向かって歩き始めたとき、突然気がついた。

「アッ、〝菅笠〟忘れた！」数珠の紛失騒ぎで片手に持っていたはずの〝菅笠〟を境内のどこかに置き忘れてきたらしい。

「オイオイ、ここまで来てまたかい？　カメラは大丈夫だろうナ！」呆れるフクショウに、

「もう使うこともないだろうけど、高知以来苦楽を共にしてきた恩人だからなあ。でも、どこに置き忘れたかなァ？」

「ナンか、さっきリュックを開けたときに脇に置いてたような気がするけど」

「どの辺り？」

「ウーン、言っても多分わかりづらいだろうから、いいよ、オレが取ってくるよ」

「いいの？」

「仕方ないだろ！」

優しいフクショウは、痛めた足を引きずりつつ、「大窪寺」の階段を再び登って行く。四十九番札所「浄土寺」に向かうフクショウのムーンウォークを思い出す。

そして待つことしばし、左手に〝菅笠〟を持ったフクショウが、つらそうに一段一段確かめながら、ゆっくりと階段を下りて来た。

「ワリイなあ、ありがとう！　しかし、膝、大丈夫かい？」

「大丈夫じゃない！　もう、イザワのために走ったり歩かされたりするのは懲り懲りだよ！」

『発心の道場』徳島で涙の握手を交わした二人が、まさか最後の八十八番札所でこんな「ドタバタ」を繰り広げることになるとは思ってもみなかった。しかし、凸凹コンビの「弥次喜多へんろ旅」の「最終章」らしくて、これはこれでありだったのかも知れない。もっとも、その後フクショウは、「焼山寺に浄土寺、そしてあの大窪寺の階段にトドメを差された」と言い続けるのである。

菅笠を持って階段を下るフクショウ

コミュニティバスに乗り、「高松駅」を目指す。

(このまま「へんろ旅」が終わってしまうのか)

麓に向かって走るバスの車窓から碧い山々を振り返りながら、一人感慨にふける。すると、

「次は『前山おへんろ交流サロン前』」というアナウンスが聞こえた。

「オイ、フクショウ。どうだい、このままバスに乗ったままラストを迎えるのは、ちょっと寂しくない？　最終便までまだ時間があるし、せっかくだから『おへんろ交流サロン』とやらに寄って行かない？　そンでさあ、あんまり無理は言えないけど、もし、もしもだよ、大丈夫なようだったら、そこから最後の『ラストウォーク』ってのはどう？」

するると、難色を示すかと思われたフクショウが意外にも、

「なるほど、イイねえ！　平らな道なら大丈夫かも。よし、オレがんばってみるよ！」

さすが弥次喜多、ツーと言えばカーである。嬉しかった。

「交流サロン」に立ち寄って良かった。お茶をご馳走になり、ボランティアさんのお話を伺いながら、ゆっくりと八十八ケ所の霊場を一つひとつ振り返ることが出来た。お土産に全札所が映ったDVDをいただき、ここから市街地までの残り四キロを「最後のお遍路」である。一歩一歩が心から愛おしい。

「♪夕べミミズの鳴く声聞いた！」大声で歌う二人を、すれ違う人が怪訝な表情で振り返る。

「どう？　お遍路に挑戦してみて何かが変わったかい？」フクショウが訊く。

「まさか。たった一度回ったぐらいでエラそうなこと言ったら、あの先輩お遍路さんたちにドヤされるよ。明日からまたふつうの生活に戻って、それからだナ。『高く悟りて俗に帰る』だよ」

「また最後までイザワがわかった風なこと言うよ。でも、確かにそうだナ。たった一度のお遍

ラストウォーク

路で悟ったりしたら大変だ。だけど、この充実感はいったいナンなんだろうネ？」

「ウン、確かにこの五年間、『次の目標』があるっていうだけで愉しかったナ。こんな充実感は、もう二度と味わえないかも知れない。あと数年熟成させたら、少しナンかわかるかもネ」

「そうだネ。でも、身体はもうガタガタ、二度とお遍路は無理だろうなあ」

「どうかな？　日々節制して、それからまたゆっくり考えようや」

ラストウォークを終え、最後に二人小さく握手して、足かけ五年にわたる「弥次喜多へんろ旅」は無事に終了した。

民宿でリュックを受け取り、琴平電鉄「長尾駅」から「瓦町駅」へ、そして、そこで乗り換えて「栗林公園」で降りた。コインロッカーにリュックを預け、ボランティアさんの案内でゆっくりと園内を回る。ふと、歩く先を見ると、「小松亭」と書かれた茶店があった。

（アッ、「寅さん」と葉子が休憩した茶店だ）

ともに俗世から離れて金刀比羅宮で「楽しい休日」を過ごし、「寅さん」は、茶店で葉子の抱えた莫大な借金の話を初めて聞く。

「ン……そんな苦労があったのか」

「寅さんみたいな人もおるのねえ……どうしてもっと早う会わんかったんやろう」

「……オレもそう思う」


《団扇にてかるく袖打つ仲となり》（風天六十五歳）

《蛍消え髪の匂いのなかにいる》（風天六十五歳）


（渥美さん、五年もかかりましたけど、四国を無事回り終えました。どこにでも「寅さん」がいましたよ。お大師さんとの同行二人、いや、フクショウと「寅さん」、そして山頭火さんも入れて、賑やかで愉しい「へんろ旅」でした。本当にありがとうございました）


「放下着、こだわるな、こだわるな、とどこおりなく流れてゆく——それが私の道ではないか！」

『遍路日記』


〈この旅果てもないつくつくぼうし　山頭火〉

渥美さんが、知人に送ったハガキに書かれていた山頭火の句である。

《ポトリと言ったような気する毛虫かな》（風天六十八歳）

渥美清さん、享年六十八歳。

エピローグ

「結願」を終え、翌年の夏、懐かしいフクショウの親戚のみなさんと「阿波踊り」で再会した。用意していただいた「桟敷席」から、有名連、勝手連それぞれの熱気溢れる踊りを観ながら、五年に渡る「へんろ旅」の一つひとつのシーンを振り返っていた。その日の夜は、お遍路での「弥次喜多間抜け話」で大いに盛り上がり、再び忘れられない夜となった。

翌日、一番札所「霊山寺」に向かった。『結願』を報告するためである。境内は五年前とまったく変わっていなかった。これから回り始めるお遍路さんの真新しい白装束が眩しい。五年前の自分たちの姿と重ね合わせ、懐かしくも胸に迫るものがある。本堂と大師堂で手を合わせる。

「一番札所から八十八番札所まで、お陰さまで無事に回ることができました。ありがとうございました」

そして、納経帳の八十八番札所「大窪寺」の次のページに〃お礼参り〃の「納経」の御朱印をいただき、『願行成圓《がんぎょうじょうえん》』を果たした。

〈あなうれし行くも帰るもとどまるも我は大師と二人づれ〉

阿波踊りで再会

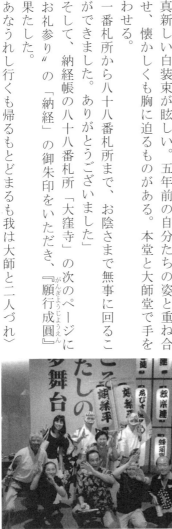

「結願」報告のため高野山へ

そのページに書かれている御詠歌である。

そして、その年の秋、お大師さんに直接『結願』を報告するために、フクショウと二人、高野山を目指した。

前年の台風でケーブルカーが不通になっていたため、麓から大勢の外国人と一緒に臨時バスに乗り込んだ。バスはつづら折りの道をクネクネと登り続け、高度が上がるにしたがって窓が白く曇っていく。ウトウトしていると、やがて到着のアナウンスがあり、窓ガラスを拭くと真っ赤な「大門」が姿を現した。標高八五〇メートル地点の気温は四度、いきなりの温度差に歯の根が合わない。身体の芯が凍り付くような寒さを数十年ぶりに経験した。

翌日は、やはり寒さが厳しいながらも快晴。

「お大師さん」を感じながら、いや、ここでは「空海さん」と呼んだ方がよさそうだが、若い僧の修行風景を見守りつつゆっくりと広い山中を巡り、最後に「奥の院」をお参りした。そして、納経帳の一番最初のページに「納経」の証をいただき、ともに四国八十八ヶ所を回ってくれた納経帳をパタリと閉じると、これで本当に、無事、「完結」である。

帰り際、「生身具《しょうじんく》」にも偶然出合うことが出来た。お大師さんが住まわれる御影堂に食事を届けるのである。

〈虚空尽き、涅槃尽き、衆生尽きなば、我が願いも尽きなむ〉

高野山の岩陰で、お大師さんは今も我々衆生のために祈り続けてくれている。

戦国武将のお墓や供養塔を一つひとつ眺めながら歩いていると、最後になぜか偶然、石碑の上にちょこんと乗る福助人形を見つけた。近づいてみると、何と「福助」の企業墓ではないか。

「オイッ、フクショウ。ホラ！」

「オォ、ホントだ！」とてつもなく懐かしい思いが胸に溢れる。

「道中、お世話になりました！」二人して深々と頭を下げる。

帰り道、どちらからともなく歌い出した。

「♪夕べミミズの鳴く声聞いた　あーれはオケラだオケラだよ〜」

そのあと、京都の東寺で「お大師さん」、いや「空海さん」に最後の御礼をお伝えし、いよいよ我々の「弥次喜多へんろ旅」は『大団円』を迎えたのであった。

あとがき

晩年、山頭火に強く心惹かれた渥美清さん。その渥美さんは、忙しい撮影の間を縫っては様々な句会に顔を出し、「風天」の俳号で数々の味わい深い句を作っている。恐らく、孤独を愛する渥美さんが「寅さん」から離れ、渥美清、いや田所康雄として心を遊ばせることの出来る、唯一の「社交場」だったのかも知れない。

その生み出す句の数々には、「田所康雄」の素顔が垣間見えるようである。それでも、抜きがたく「寅さん」が顔を出すこともあり、俳句を通して「遊び心」と「ジレンマ」の間を行き来しながら「苦悩」を解放しようとしていたのではないだろうか。まるで、山頭火のように。

しかし、その句の数々からは、「風」のような「天」のような、さわやかな心地よさを感じる。まるで、あの「寅さん」のように。言い換えれば、「空」のような「海」のような、どこか突き抜けた感覚とでも言おうか。

渥美清さんと山頭火。やはり二人は、お大師さんと一緒に「同行二人」をしていたように思えてならない。今頃、虹の向こうで、二人仲良く「お遍路」をしながら句を作っては披露し合い、そして、よもやま話に花を咲かせてゲラゲラ笑い合っているような気がする。

さて、この「弥次喜多へんろ旅」で、一体我々二人は、山頭火のように「転一歩、新一歩」を踏み出せたのであろうか。そして、ほんの少しでもお大師さんを感ずることが出来たのだろうか。数年経った今、アノとき、もしかしたら、遠くかすかにお大師さんの衣の裾ぐらいは見えていたのではないかという気もする。それは、「同行二人」のお陰ではあるが、何といっても、「寅さん」と山頭火がともに歩いてくれたからである。心強かった。それを確かめるために、もう一度彼の地を訪れるつもりでいたのであるが、一連のコロナ禍で難しくなった。

そうこうしている間に、お遍路の影響かどうかは定かではないが、フクショウは、相変わらず、ココが痛い、アソコが痛いと病院通いのようである。最近は、股関節の痛みでゴルフも断念したらしい。私も、最近、何だかつまずきやすくなったようだ。

ますます情けない二人ではあるが、それでも、心は常にあの四国の緑溢れる「遍路道」の上にある。そしてお互いに、瑞々しい感性だけは失っていないつもりである。たまに二人で交わす酒も変わらずに旨い。

いつか必ず、あの「弥次喜多へんろ旅」を再開し、四国で出会ったあの驚嘆すべき先輩方のように、「自然」と「歴史」と、そして「人情」溢れる彼の地で、栄えある七十代を迎えたいと思っている。

最後に、前作『秘書が見た都知事の素顔―石原慎太郎と歴代知事』に引き続きお世話になった芙蓉書房出版の平澤公裕代表、前作を読んでいただき、結果として今回も出版の勇気をくださった尊敬する小説家・脚本家の内館牧子さん、顧問を務める明治安田生命公法人第一部の皆さん、盟友であり今は大分県豊後大野市議会議員としてふる里振興に取り組む赤峰映洋君、いつも元気を与えてくれる大分大学付属中学校十七期東京在住「ユースの会」の皆さん、そして、最後にもちろん、こよなく山と自然を愛し、ときに語り、そして飲み、ともに四国を歩いた「フクショウ」こと福生晴行君に心より感謝したい。

なお、渥美清さん〈俳号「風天」〉の俳句作品の収録については、松竹株式会社の多大なるご高配を賜った。厚く御礼を申し上げたい。

余話

渥美清さんは、『男はつらいよ』第九作「柴又慕情」の制作中、山田洋次監督との雑誌の対談で、

〈(寅は)ことに今度なんか、だんだん山頭火じみてきたようなところがありますよ(笑)「後ろ姿のしぐれていくか」に、少しなってきたね。やはり、そりゃ、世に合わせているわけですよ(笑)〉

〈だんだんこれで歳をとっていくと、寅ちゃんは、良寛さまみたいになるんじゃないかな……

良寛さまってのは、若い頃、不良少年だったんだって〉

と語っている（小林信彦『おかしな男渥美清』新潮社）。

「死ぬ時節には死ぬがよく候」そんなことをサラッと言う良寛さんは、確かに、ただ子どもと遊んでいただけの好々爺ではなく、「道」に生き、「恋」に生きたしたたかな人物であるらしい。

まるで、「寅さん」のように。

山田洋次監督は、かつて、『男はつらいよ』の結末について、

「寅さんは、晩年、幼稚園の小使いさんになって、子どもと遊んでいるうちにポックリ死に、町の人が彼の思い出のために地蔵さまをつくる」そんなことを語っている。第五十作が製作されていれば、間違いなくそういう内容になっていたのだろう。スクリーン一杯に、まるで良寛さんのように目の細い「寅地蔵」がニッコリと微笑むラストシーンが、目に見えるようである。

ちなみに、柴又八幡《はちまん》神社古墳から帽子を被った目の細い「寅さん」そくりの埴輪が発掘されたのは二〇〇一年八月四日。よく知られていることではあるが、渥美さんの命日と同じ日である。正倉院にある下総国葛飾郡大嶋郷の戸籍によると、奈良時代の葛飾柴又には「刀良《とら》」が七人、「佐久良売《さくらめ》」が二人いたらしい。前年に出土した通称「さくらさん埴輪」と、この「寅さん埴輪」。いつまでも私たちファンに夢を与え続けてくれる「寅さん」に、心より感謝である。

参考文献

『四国遍路ひとり歩き同行二人［地図編］』へんろみち保存協力会編
『古寺巡礼2四国八十八ケ所めぐり』ＪＴＢパブリッシング
司馬遼太郎『空海の風景上下』中央公論新社
司馬遼太郎『歴史歓談Ⅱ』中央公論新社
小林信彦『おかしな男渥美清』新潮社
篠原靖治『最後の付き人が見た　渥美清最後の日々』祥伝社
小泉信一『おーい、寅さん』朝日新聞出版
寅さん倶楽部編『男はつらいよ寅さん読本』ＰＨＰ研究所
森　英介『風天　渥美清のうた』大空出版
小沢昭一『句あれば楽あり』朝日新聞社
金子兜太『種田山頭火　漂泊の俳人』講談社
『山頭火随筆集』講談社
『人生遍路』日本図書センター
種田山頭火『四国遍路日記』青空文庫
森繁久弥『森繁自伝』中央公論新社
磯田道史『天災から日本史を読みなおす』中央公論新社
笠徹『春風想　父・笠智衆の思い出』扶桑社
笠智衆『俳優になろうか』朝日新聞社
戸井十月『植木等伝「わかっちゃいるけどやめられない！」』小学館
松岡司『中岡慎太郎』新人物往来社

著者略歴

井澤 勇治（いざわ ゆうじ）
昭和27年大分県別府市で生まれる。昭和50年に慶応義塾大学法学部政治学科を卒業したあとビクター音楽産業入社。退職後、様々な仕事を経て昭和54年東京都庁に入る。総務局総務課長や石原慎太郎都知事秘書部長を経て生活文化局長を最後に退職。その後、東京港埠頭㈱副社長、東京都中小企業振興公社理事長を務め、現在は明治安田生命保険相互会社顧問、NPO 法人私立専門学校等評価研究機構理事長。
著書に『秘書が見た都知事の素顔―石原慎太郎と歴代知事』（芙蓉書房出版）がある。

「寅《とら》さん」と、旅《たび》と俳句《はいく》と山頭火《さんとうか》
―弥次喜多へんろ道中記―

2021年11月22日　第1刷発行

著 者
井澤《いざわ》 勇治《ゆうじ》

発行所
㈱芙蓉書房出版
（代表 平澤公裕）
〒113-0033東京都文京区本郷3-3-13
TEL 03-3813-4466　FAX 03-3813-4615
http://www.fuyoshobo.co.jp

印刷・製本／モリモト印刷

ISBN978-4-8295-0819-0

御府内八十八ヶ所霊場ウォーク

大塚忠克監修　池田敏之著　本体 1,600円

八十八ヶ所霊場巡りとウォーキングを合わせた
東京都ウォーキング協会のイベントが１冊の本になりました！
一般の寺院「遍路」とはひと味ちがう東京の再発見を！

秘書が見た都知事の素顔
石原慎太郎と歴代知事

井澤勇治著　本体 1,800円

いまこそ知事の力量が問われている！　石原知事秘書を務め、約40年都庁の内と外で都政の舞台裏を見てきた著者がさまざまなエピソードで伝える都知事の素顔とリーダーシップ。

タイガー・モリと呼ばれた男
日米の架け橋となった幻の剣士・森寅雄

早瀬利之著　本体 2,400円

戦前から戦後にかけて、剣道を通して日米の架け橋とならんとした森寅雄のスケールの大きな**生涯を描**く。「昭和の武蔵」といわれた天才剣士が昭和12年に渡米、ハワイ・西海岸中心に剣道を普及し、フェンシングのチャンピオンにもなった。戦後最渡米し米国剣道連盟創設、ハリウッドスターのフェンシングのコーチも務めた。